Reddemann
Dehner-Rau
TRAUMA

Die Autorinnen

Dr. med. Luise Reddemann ist Fachärztin für Psychotherapeutische Medizin und Psychoanalytikerin. Bis Ende 2003 leitete sie die Klinik für Psychotherapeutische und Psychosomatische Medizin am Evangelischen Johannes-Krankenhaus in Bielefeld. Dort entwickelte sie ihr erfolgreiches Behandlungsangebot für Menschen mit Traumafolge-Erkrankungen, das sie in zahlreichen Veröffentlichungen der Fachwelt wie auch Betroffenen vorgestellt hat. Wegen ihres Engagements für traumatisierte Frauen erhielt sie mehrere Auszeichnungen. Frau Dr. Reddemann gilt als eine der Pionierinnen der Traumatherapie in Deutschland.

Dr. med. Cornelia Dehner-Rau war nach ihrem Medizinstudium in Würzburg Ärztin im Praktikum und Assistenzärztin an der Baar Klinik Donaueschingen, einer Klinik für Psychosomatik und Verhaltensmedizin. Seit 2001 arbeitet sie als Ärztin und Psychotherapeutin an der Klinik für Psychotherapeutische und Psychosomatische Medizin am Evangelischen Krankenhaus in Bielefeld.

Dr. med. Luise Reddemann
Dr. med. Cornelia Dehner-Rau

TRAUMA

- Folgen erkennen, überwinden und an ihnen wachsen

*Bibliografische Information
der Deutschen Bibliothek*
Die Deutsche Bibliothek verzeichnet diese Publikation in der Deutschen Nationalbibliografie; detaillierte bibliografische Daten sind im Internet über http://dnb.ddb.de abrufbar.

Umschlaggestaltung:
Cyclus · Visuelle Kommunikation, Stuttgart

Programmplanung:
Sibylle Duelli

Lektorat:
Anne Bleick, Sibylle Duelli

Bildnachweis:
Umschlagfoto und S. 55: Hilla Morian

Textzeichnungen:
Christine Lackner, Ittlingen

Alle anderen Fotos:
Archiv der Thieme Verlagsgruppe
Foto A. Lindgren S. 130:
dpa Picture-Alliance GmbH

Wichtiger Hinweis:
Wie jede Wissenschaft ist die Medizin ständigen Entwicklungen unterworfen. Forschung und klinische Erfahrung erweitern unsere Erkenntnisse, insbesondere was Behandlung und medikamentöse Therapie anbelangt. Soweit in diesem Werk eine Dosierung oder eine Applikation erwähnt wird, darf der Leser zwar darauf vertrauen, dass Autoren, Herausgeber und Verlag große Sorgfalt darauf verwandt haben, dass diese Angabe **dem Wissensstand bei Fertigstellung des Werkes** entspricht.
Für Angaben über Dosierungsanweisungen und Applikationsformen kann vom Verlag jedoch keine Gewähr übernommen werden. **Jeder Benutzer ist angehalten,** durch sorgfältige Prüfung der Beipackzettel der verwendeten Präparate und gegebenenfalls nach Konsultation eines Spezialisten festzustellen, ob die dort gegebene Empfehlung für Dosierungen oder die Beachtung von Kontraindikationen gegenüber der Angabe in diesem Buch abweicht. Eine solche Prüfung ist besonders wichtig bei selten verwendeten Präparaten oder solchen, die neu auf den Markt gebracht worden sind. **Jede Dosierung oder Applikation erfolgt auf eigene Gefahr des Benutzers.**
Autoren und Verlag appellieren an jeden Benutzer, ihm etwa auffallende Ungenauigkeiten dem Verlag mitzuteilen.

Gedruckt auf chlorfrei gebleichtem Papier

2. korrigierte Auflage
© 2004, 2006 TRIAS Verlag in
MVS Medizinverlage Stuttgart
GmbH & Co. KG
Oswald-Hesse-Str. 50
70469 Stuttgart
Printed in Germany
Satz: Fotosatz H. Buck, Kumhausen
Druck: Westermann Druck Zwickau GmbH, Zwickau

ISBN 3-8304-3345-X   1 2 3 4 5 6

Geschützte Warennamen (Warenzeichen) werden **nicht** besonders kenntlich gemacht. Aus dem Fehlen eines solchen Hinweises kann also nicht geschlossen werden, dass es sich um einen freien Warennamen handelt.
Das Werk, einschließlich aller seiner Teile, ist urheberrechtlich geschützt. Jede Verwertung außerhalb der engen Grenzen des Urheberrechtsgesetzes ist ohne Zustimmung des Verlages unzulässig und strafbar. Das gilt insbesondere für Vervielfältigungen, Übersetzungen, Mikroverfilmungen und die Einspeicherung und Verarbeitung in elektronischen Systemen.

Inhalt

Einleitung ... 11

● Was bedeutet Traumatisierung? ... 13

Was sind traumatische Erfahrungen? ... 14
- Welche Traumata gibt es? ... 15
- Unsere Wertesysteme spielen eine Rolle ... 15
- Der soziale Kontext ist wichtig ... 16
- Welche Ereignisse können traumatisieren? ... 16
- Wie gehen wir mit einem Trauma um? ... 19

Vertiefende Information ... 20

Unser Umgang mit Traumata hängt von unserem Bindungsmuster ab ... 20
- Die Rolle der Bindung an die Eltern ... 20
- Wir brauchen Schutz und Geborgenheit ... 20
- Frühgeborene erhielten oft nicht genug Liebe ... 21
- Wie kann ich meinem Baby Sicherheit geben? ... 21
- Wann entwickelt sich eine unsichere Bindung? ... 21
- Wie erkennt man das Bindungsmuster eines Kindes? ... 22
- Welche Schutz- und Risikofaktoren gibt es? ... 23
- Wie wirkt sich eine unsichere Bindung aus? ... 23
- Was sind Bindungsstörungen? ... 23

Wie häufig sind Traumata? ... 26
- Traumata kommen oft vor ... 26
- Viele Menschen erholen sich von selbst ... 27

● Welche Folgen hat ein traumatisches Ereignis? ... 29

Was passiert im Körper? ... 30
- Akuter und chronischer Stress ... 30
- Traumatischer Stress ... 31

Inhalt

- Was geschieht im Gehirn? — 31
- Wie kann man erkennen, ob man traumatisiert ist? — 35
- Anzeichen für traumatischen Stress — 35
- Wie zeigt sich eine Traumafolgestörung? — 36
- Gesunde Verarbeitung eines Traumas — 39
- Fühlen Sie sich schuldig? — 41
- Auch Schamgefühle kommen häufig vor — 42
- Nicht bagatellisieren — 42

Traumafolgestörungen — 45

Posttraumatische Belastungsstörungen — 46
- Die offizielle wissenschaftliche Definition — 47
- Wie kann man die PTSD einordnen? — 49
- Symptome der PTSD — 50
- PTSD und Folgestörungen — 52

Dissoziative Störungen — 54
- Was ist Dissoziation? — 55
- Wann wird Dissoziation zur Störung? — 56

Vertiefende Information — 57
Wie werden Traumafolgestörungen diagnostiziert? — 57
- Posttraumatische Belastungsstörungen (PTSD) — 57
- Weitere Störungsbilder — 60
- Unterscheidung der Störungsbilder — 63

Traumatherapie — 69

Wie kann man Traumafolgestörungen behandeln? — 70
- Medikamentöse Behandlung von Traumafolgestörungen — 71
- Phasen der Traumapsychotherapie — 74

Traumakonfrontation bei einfacher PTSD	76
• Voraussetzung für Traumakonfrontation	76
• Welche Behandlungsmöglichkeiten gibt es?	77
• Welche Therapieformen haben sich bisher bewährt?	77
• Vor- und Nachteile der Therapieverfahren	79
• Was Sie zusätzlich tun können	80
• Achten Sie auf schonenden Umgang	80
• Was sollten Sie für eine Therapie mitbringen?	81
• Was der Therapeut mitbringen sollte	82
Traumakonfrontation bei komplexer PTSD	83
• Voraussetzungen, die Sie kennen sollten	83
• Der Nutzen der Traumakonfrontation wird oft überbewertet	85
• Das BASK-Modell	85
• Die Fähigkeit, sich »inneren Trost« zu geben	86
• Wann darf keine Traumakonfrontation erfolgen?	86
• Sorgen Sie für Ihre innere Sicherheit	88
• Welche Verfahren eignen sich zur Therapie der komplexen PTSD	89

● Umgang mit Traumafolgestörungen – Therapiebeispiele und Selbsthilfe — 91

Was hilft bei Angst?	92
Wenn Sie Panik haben	94
• Selbstmanagement und Selbstberuhigung	95
• Wenn die Therapie verdrängte Erinnerungen aufwühlt	96
• Panik als Schutz gegen Dissoziation (und Erinnern)	98
Was tun bei Dissoziation?	98
• Woran erkennen Sie, dass Sie dissoziieren?	99
• Dissoziative Amnesie	100

Inhalt

• Was Sie tun können, wenn Ihnen Gefühle Angst machen	104
Was Ihr Körper braucht	105
Hilfreicher Umgang mit Schmerzen	106
Wie kann ich mit meiner Sucht umgehen?	106
• Sucht als Selbstheilungsversuch	107
• Was Ihnen hilft, wenn Sie ein Suchtproblem haben	110
Hilfe bei Selbsttötungsgedanken und -versuchen	111
Verletzten Sie sich selbst?	111
• Selbstverletzung nimmt vorübergehend den Druck	112
• Behandlungsvertrag schließen	112
• Das innere Kind an einen guten Ort bringen	112
Leiden Sie unter einer Essstörung?	113
Antworten auf häufig gestellte Fragen	114
• Wie kann ich verhindern, dass ich eigene Traumatisierungen weitergebe?	114
• Wann soll ich therapeutische Hilfe suchen?	115
• Waran erkennt man eine gute Traumatherapeutin?	116
• Bin ich verrückt, wenn ich eine dissoziative Störung habe?	117
• Wie gehe ich mit Gewaltphantasien um?	117
Trauma und Partnerschaft	119
• Was tun, wenn beide Partner traumatisiert sind?	119
• Was tun, wenn »nur« ein Partner betroffen ist?	120
• Was tun, wenn Ihr Partner/Ihre Partnerin Sie aktuell traumatisiert?	120

● Wieder gesund werden – Was Sie für sich tun können 123

Nutzen Sie Ihre Ressourcen	124
• Was kann man unter Ressourcenorientierung verstehen?	125

- Versuchen Sie, selbstbestimmt zu leben 126
- Finden Sie Ihre eigene »innere Wahrheit« 127
- Achten Sie auch auf Erfreuliches 127
- Zwei Geschichten zum Mut machen 128
- Wie Ihre Imagination Ihnen helfen kann 129

Astrid Lindgrens Geschichten beflügeln die Phantasie 130
- Pippi sorgt gut für sich selbst 130
- Michel fehlt die Aufmerksamkeit der Eltern 131
- Die heile Welt der Kinder aus Bullerbü 131
- Karlsson vom Dach – die Verkörperung der Freiheit 132
- Die Brüder Löwenherz – das abenteuerliche Leben nach dem Tod 132
- Mio muss das Herz aus Stein durchbohren 132
- Madita findet ihr »Seligkeitsding« 133
- Ronja Räubertochter lehnt sich gegen den Vater auf 134

Wie Sie sich selbst unterstützen können 135
- Nutzen Sie Ihre Vorstellungskraft 135
- Die positiven Seiten fördern 137
- Gönnen Sie sich Vergnügungen und Belohnungen 139
- Fördern Sie Ihre Achtsamkeit 140
- Der Nutzen von bewusstem Denken 141
- Pessimismus und Optimismus 142
- Die sechs wichtigsten Tugenden 143

Die Opferrolle verlassen 144
- Proaktiv sein 145
- Von innen nach außen 145

Imagination als heilsame Kraft 148
- Die Geschichte von dem Jungen, der immer wütend wurde 148

Inhalt

Durch ein Trauma wachsen – traumatic Growth	154
• Das Trauma als Wende im Leben	155
• Menschen verfügen über erstaunliche Heilungskräfte	156
• Haben Traumata Sinn?	156

• Anhang 158

Literaturempfehlungen	158
Wichtige Adressen	159
Stichwortverzeichnis	161

Einleitung

Mit diesem Buch richten wir uns an Menschen, die wissen oder vermuten, dass sie ein Trauma erlitten haben. Es soll helfen, sich über Trauma, Traumafolgen und die Möglichkeiten, mit Traumata fertig zu werden, zu informieren. Des Weiteren geben wir Informationen zur Posttraumatischen Belastungsstörung und den Krankheitsbildern, die damit häufig gemeinsam auftreten.

Wir möchten auch Angehörigen und Freunden von Menschen mit Traumafolgestörungen Informationen und Hilfe zur Verfügung stellen. Wir wissen, dass etwa ein Drittel der Menschen, die traumatische Erfahrungen machen, damit im Lauf der Zeit fertig werden, ohne krank zu werden. Dies halten wir für wichtig und bedenkenswert. Von diesen Menschen kann man nämlich lernen.

Wir möchten die Leserin/den Leser anregen, sich die eigenen Selbstheilungskräfte bewusster zu machen und zu prüfen, inwieweit diese – falls nötig neben einer Therapie – genutzt werden können.

Traumatische Erfahrungen zeichnen sich ganz besonders dadurch aus, dass man sich hilflos und ohnmächtig fühlt. Daher möchten wir Sie, die Leserin/den Leser, ermutigen, sich im Fall einer Therapie BehandlerInnen zu suchen, die Sie partnerschaftlich behandeln. Eine gute Therapie erkennt man daran, dass man nicht Sie ändern will, sondern Ihnen hilft, Ihre Probleme zu bewältigen.

Wir werden Hinweise zur Traumatherapie geben.

Schließlich soll es auch darum gehen, wie man trotz schwerer Belastungen oder gerade wegen ihnen wachsen kann.

Traumatische Erfahrungen fordern uns heraus, alles einzusetzen, was wir zur Verfügung haben, um zu heilen. Wir werden Ihnen daher verschiedenste Möglichkeiten der Selbsthilfe und der Therapie aufzeigen. Wir raten sehr dazu, sich Zeit zu lassen, das herauszufinden, was wirklich zu einem passt.

Was bedeutet Traumatisierung?

In diesem Kapitel erfahren Sie, welche Ereignisse traumatisierend wirken können und welche Schutz- und Risikofaktoren es dafür gibt.

Was bedeutet Traumatisierung?

Was sind traumatische Erfahrungen?

▶ Stellen Sie sich vor, Sie machen gut gelaunt an einem schönen Sonnentag im Mai eine kleine Spazierfahrt auf einer selten befahrenen Landstraße im Gebirge. Sie freuen sich über das schöne Wetter und den Bergfrühling. Sie fahren langsam und vorsichtig, denn die Straße ist eng. Rechts von Ihnen steigt der Berg auf, links geht es in die Tiefe.

Plötzlich rast ein Auto auf Sie zu. Sie können nicht ausweichen. Der Fahrer des anderen Fahrzeugs bremst gar nicht. Sie denken: »Oh mein Gott, das ist das Ende.« Dann kracht es …

Sie kommen wieder zu sich und bemerken, dass Sie im Wagen eingeklemmt sind. Irgendwie schaffen Sie es, sich aus dem Auto zu befreien. Was Sie sehen, lässt Ihnen das Blut in den Adern gefrieren … (Wir beschreiben das absichtlich nicht genauer). Irgendwie schaffen Sie es, ins nächste Dorf zu kommen und Hilfe zu holen.

Erst als sich dort jemand um Sie kümmert, bemerken Sie, dass Sie zittern und Sie sich setzen müssen, weil Ihre Knie weich sind. Jemand bringt Ihnen warmen Tee und gibt Ihnen eine Decke. Als Sie diese Zuwendung erfahren, kommen Ihnen die Tränen. Jetzt erst bemerken Sie, dass in Ihnen Todesangst ist, Panik, Entsetzen, Ohnmacht und Hilflosigkeit.

Sie haben soeben eine traumatische Erfahrung erlitten. ◀

Traumatische Erfahrungen zeichnen sich dadurch aus, dass sie unsere Verarbeitungsfähigkeit bei weitem übersteigen. Man könnte sogar sagen, dass wir Menschen genau wie Säugetiere dafür nicht eingerichtet sind. Wir möchten, wenn's brenzlig wird, fliehen oder kämpfen und unsere Kinder/Jungen in Sicherheit bringen. Wenn uns das nicht möglich ist, stecken wir in der Klemme.

Wir sind in der Klemme, weil wir uns nur noch ohnmächtig und hilflos fühlen. Und das mögen wir nicht. Ohnmacht, Todesangst und Hilflosigkeit sind vermutlich die unangenehmsten Erfahrungen, die wir zu erleiden haben.

Dennoch erleiden Menschen wie Säugetiere solche Erfahrungen und haben einige Mechanismen entwickelt, damit irgendwie doch fertig zu werden.

Wie? Das werden wir weiter unten besprechen.

In jedem Fall sind solche Erfahrungen sehr einschneidend und man steckt sie nicht einfach weg. Die Verarbeitung braucht Zeit, das sei hier schon einmal betont.

Welche Traumata gibt es?

Traumata, die Menschen Menschen zufügen bezeichnet man auch als »Man-made-Traumata«; leider kommen diese häufiger vor als die zweite Kategorie, die uns als Naturkatastrophen oder schwere Schicksalsschläge, wie z. B. schwere Erkrankungen, begegnen. Als dritte Kategorie gibt es kollektive Traumatisierungen, die wir uns als Menschen gegenseitig zufügen, die aber in einem größeren, also nicht individuellen Kontext geschehen, die allen widerfahren, wie z. B. Kriege.

Am schlimmsten wirken sich die »Man-made-Traumata« der ersten Kategorie aus. Es ist schrecklich, wenn andere, denen wir vertrauen, uns schaden, uns verraten und verletzen.

Wenn uns die Natur verletzt, z. B. durch ein Erdbeben, ist das natürlich auch entsetzlich, dennoch können wir innerlich damit leichter fertig werden, weil wir doch wissen, dass solche Dinge geschehen können, und weil wir uns nicht persönlich verraten und geschädigt fühlen, selbst wenn uns das Ereignis Schaden zufügt.

Wenn wir kollektive traumatische Erfahrungen machen, wie z. B. einen Krieg erleben, können wir uns zumindest damit »trösten«, dass alle das gleiche Schicksal trifft. Das hilft vielen Menschen, mit Schrecklichem besser fertig zu werden.

Verkehrsunfälle, Feuer u. ä. werden meist eher wie eine Naturkatastrophe erlebt und weniger als etwas, das uns von einem anderen Menschen angetan wird. Aber hier gibt es Übergänge.

Diese Einteilung ist nur grob, und es gibt immer wieder Situationen, die sich nicht eindeutig einer der drei Kategorien zuordnen lassen. Stellen Sie sich z. B. ein kleines Kind vor, das im Krieg seine Eltern verliert. Oder Menschen, die infolge des Krieges vergewaltigt werden.

Unsere Wertesysteme spielen eine Rolle

Auch unser kultureller Hintergrund ist wichtig. Wenn wir z. B. gedemütigt werden, berührt das unsere Wertesysteme, und die sind unterschiedlich. So würde es in Deutschland einen Mann weniger demütigen, von einer Frau gezwungen zu werden, sich vor ihr zu entkleiden, als das bei einem arabischen Mann der Fall ist. (Im Zusammenhang mit der Folter irakischer Gefangener durch US-Soldaten konnte man vor nicht allzu langer Zeit im Fernsehen sehen, dass auch dieses Entkleiden als Demütigung eingesetzt wurde und dementsprechend bei den betroffenen Volksgruppen Impulse nach Blutrache auslöste.)

Unsere Wertesysteme können uns die Verarbeitung von Traumatisierungen erleichtern oder erschweren. Wenn wir z. B. sagen können, »das war Gottes Wille« oder »ich habe für eine gerechte Sache gekämpft«, hilft uns das durchzuhalten und leichter zu genesen.

Der soziale Kontext ist wichtig

Traumata, die Menschen Menschen zufügen, geschehen darüber hinaus in einem sozialen Kontext. In der Familie und in der Gesellschaft. Dieser Kontext trägt ebenfalls dazu bei, ob wir Traumata schwerer oder leichter verschmerzen können. Stellen Sie sich vor, Sie leben in einem totalitären Staat, in dem Sie andauernd damit rechnen müssen, verschleppt und gefoltert zu werden. Oder ein Kind lebt in einer Familie, in der es zur Tagesordnung gehört, dass Misshandlungen, Vernachlässigung und sexuelle Gewalt geschehen.

In beiden Fällen wäre der Mensch, dem solches widerfährt, in Dauerspannung, Angst und Panik. Dies würde seine Abwehrkräfte möglicherweise noch zusätzlich schwächen, in manchen Fällen allerdings auch gerade die Widerstandkräfte besonders fördern, z. B. bei Menschen, die sehr entschlossen gegen ein Unrechtsregime kämpfen.

Welche Ereignisse können traumatisieren?

Wichtig ist, dass wir uns klar machen, dass ein traumatisches Ereignis mit extremer Hilflosigkeit und Ohnmachtgefühlen extremer Art einhergeht. Gleichzeitig kann es bei einem Kind zu Gefühlsüberflutung, Panik und Todesangst führen.

Wir beginnen mit der Kindheit, denn für Kinder sind traumatische Erfahrungen am schlimmsten, verfügen sie ja noch nicht über so viele Möglichkeiten des Schutzes und der Verarbeitung wie Erwachsene.

Alle Fachleute sind sich heute einig, dass Vernachlässigung, sexualisierte Gewalt und Gewalt traumatisch sind. Ebenso schwere Erkrankungen des Kindes, aber auch kranke, insbesondere seelisch kranke Eltern.

Peter Levine hat darauf hingewiesen, dass Kinder durch Erfahrungen traumatisiert werden können, die Erwachsene nicht für traumatisch halten. Ein Angriff eines Tieres, z. B. eines Hundes, körperliche Verletzungen durch Unfälle und Stürze, z. B. vom Fahrrad oder einer Treppe, können sich auf manche Kinder durchaus als Trauma auswirken. Die genannten Situationen können für ein Kind traumatisch wirken, sie müssen es nicht, es kommt auch immer darauf an, wie stabil das Kind in der Situation und insgesamt ist.

Auch hohes Fieber kann sich als Trauma auswirken. Erfahrungen von extremen Temperaturen, insbesondere, wenn das Kind dabei alleine ist, ebenso Naturkatastrophen. Ebenso können sich plötzliche Verluste, z. B. der Tod des geliebten Hundes, traumatisch auswirken, sowie beinahe Ertrinken und schließlich Verlorengehen in Kaufhäusern.

Medizinische und zahnmedizinische Eingriffe sind auch ein wichtiges Feld. So können z. B. Krankenhausaufenthalte mit Gefühlen von Verlassenheit und Ausgeliefertsein bis hin zu Todesängsten verbunden sein. Früher war es üblich, Eltern außerhalb vorgegebener Besuchszeiten nicht zu ihren Kindern zu lassen; manchmal wurden Kinder auch fixiert.

Medizinisch notwendige Gewalt wird sehr häufig als Trauma erlebt und entsprechend verarbeitet. Schwere körperliche Erkrankungen können sich ebenfalls traumatisch auswirken. All diese Erfahrungen können Sie in Betracht ziehen, wenn Sie sich fragen: »Bin ich traumatisiert?«

Selbstverständlich spielen sexuelle und andere Gewalt eine große Rolle. Es wäre aber falsch, nur an Gewalt und sexuelle Gewalt zu denken, wenn man bei sich beobachtet, dass man Zeichen einer Traumafolgestörung aufweist (siehe S. 35). Es könnte auch die Mandeloperation mit vier Jahren gewesen sein, bei der fünf Erwachsene das Kind festgehalten und ihm eine Spritze verpasst haben. Manchmal haben auch »kleine Traumata« große Auswirkungen. So können wiederholte Demütigungen (z. B. Hänseleien im Kindergarten oder in der Schule) die Entwicklung eines gesunden Selbstwertgefühls verhindern, wenn nicht gleichzeitig unterstützende Faktoren vorhanden sind.

Wie werden traumatische Erfahrungen definiert?

Trauma heißt Verletzung. Diese kann sowohl körperlich als auch seelisch sein. Definitionsgemäß erfüllt ein traumatisches Ereignis folgende Kriterien: Die Person war selbst Opfer oder Zeuge eines Ereignisses, bei dem das eigene Leben oder das Leben anderer Personen bedroht war oder eine ernste Verletzung zur Folge hatte. Die Reaktion des Betroffenen beinhaltete Gefühle von intensiver Angst, Hilflosigkeit oder Entsetzen.

Auflistung der möglichen Traumata

- Naturkatastrophen jedweder Art
- Krieg
- Vertreibung
- Folter
- Traumata durch medizinische (notwendige) Eingriffe
- traumatisches Geburtserleben
- Unfälle im Verkehr, am Arbeitsplatz oder an anderen Orten, z. B. beim Bergsteigen
- Der Verlust einer nahen Bezugsperson, insbesondere im Kindesalter oder unerwartet. Vor allem der Verlust der Eltern im Kindesalter oder eines Kindes.
- Vernachlässigung in der Kindheit – körperlich, psychisch und emotional
- Gewalt
- sexualisierte Gewalt
- Das Miterleben von Gewalt und sexualisierter Gewalt als Zeuge
- Das Miterleben anderer traumatischer Ereignisse als Zeuge, z. B. als naher Angehöriger miterleben, wie jemandem Gewalt angetan wird oder auch ein krebskrankes Kind haben.
- Die Konfrontation mit Traumafolgen als Helfer (z. B. Polizisten, Feuerwehrleute, Ärzte) wird auch als sekundäre Traumatisierung bezeichnet.
- Das Zusammenleben als Kind mit traumatisierten Eltern (Holocaustopfer aber auch von Kriegsopfer, Opfer sexueller Gewalt). Hier wird ebenfalls von sekundärer Traumatisierung gesprochen oder auch von »Second-Generation-Phänomenen«.

Wie gehen wir mit einem Trauma um?

Für den Umgang mit traumatischen Erfahrungen und deren Auswirkungen spielen folgende Faktoren eine wesentliche Rolle:

- Ein einmaliges traumatisches Ereignis im Erwachsenenalter kann in der Regel besser verarbeitet werden als wiederholte und über Jahre andauernde Traumata im Kindesalter.
- Ein durch äußere Faktoren (z. B. Naturkatastrophen, Unfälle) ausgelöstes Trauma kann normalerweise besser verkraftet werden als ein durch Menschen verursachtes traumatisches Ereignis.
- Je enger die Beziehung zur verursachenden Person ist, desto schwerer sind im Allgemeinen die Folgen.
- Je mehr unterstützende Faktoren vorhanden sind, desto besser gelingt der Umgang mit schweren Belastungen. Unterstützend wirken können vertrauenswürdige, verlässliche Menschen, aber auch persönliche Fähigkeiten (z. B. sich Hilfe holen können, sich besser schützen können).

Im Erwachsenenleben gibt es viele Ereignisse, die unser Bindungsverhalten herausfordern. Jede länger anhaltende psychosoziale Belastung, z. B. Arbeitslosigkeit oder Mobbing, erfordert auf der anderen Seite sichere Bindungen und Unterstützungen, ansonsten können sie zum Trauma werden.

Es gibt also eine Vielzahl von traumatischen Ereignissen. Einige werden Sie kennen, bei einigen werden Sie sich vielleicht wundern, dass diese Ereignisse als Traumata angesehen werden. So wissen z. B. auch manche Fachleute nicht, dass Vernachlässigung im Kindesalter eine schwere Traumatisierung darstellt.

Wir unterscheiden heute den Faktor, der durch das Ereignis gegeben ist und den subjektiven Faktor, der sich aus den Widerstandskräften des Individuums ergibt, dem das Trauma widerfährt.

Sie werden sich vorstellen können, dass es einen Unterschied macht, ob ein kleines Kind vernachlässigt wird, womöglich sogar ein Säugling, oder ein Jugendlicher. Der Jugendliche hat ganz andere Möglichkeiten. Er kann weggehen, sich Hilfe holen, sich wehren. Ein Baby kann das überhaupt nicht. (Es kann allerdings sein, dass der Jugendliche es auch nicht kann, weil er zuvor schon traumatisiert wurde und deshalb keine ausreichenden Widerstandskräfte hat).

> **Vertiefende Information**

Unser Umgang mit Traumata hängt von unserem Bindungsmuster ab

Wie wir auf ein traumatisches Ereignis reagieren, hängt auch davon ab, welche Bindung wir als Kind zu unseren nahen Bezugspersonen – also meist unseren Eltern – hatten. Man weiß nämlich, dass traumatische Erfahrungen und so genannte Bindungsstörungen sich wechselseitig beeinflussen, das heißt, traumatische Erfahrungen können zu Bindungsstörungen führen, andererseits sind bindungsgestörte Kinder/Erwachsene auch verletzlicher.

Diesen Zusammenhang wollen wir im Folgenden näher beleuchten.

Die Rolle der Bindung an die Eltern

Karl Heinz Brisch führt in seinem Buch »Bindungsstörungen« viele seelische Störungen von Kindern und Erwachsenen auf einen Mangel an Sicherheit, Schutz und Geborgenheit in den ersten Lebensjahren zurück. Dabei bezieht er sich auf die so genannte »Bindungstheorie«, die der englische Psychoanalytiker John Bowlby in den 50er-Jahren entwickelte. Diese besagt, dass der Mensch wie auch viele andere Lebewesen ein biologisch angelegtes »Bindungssystem« besitzt. Sobald eine Gefahr auftaucht, wird es aktiviert. Ein kleines Kind wendet sich in einer solchen Situation an die ihm vertraute Person (z. B. an seine Mutter oder seinen Vater), zu der es eine ganz besondere »Bindung« aufbaut. Die Art der Gefühle, Erwartungen und Verhaltensweisen in dieser Bindungsbeziehung hängt von den Erfahrungen mit den wichtigsten Bezugspersonen ab.

Wir brauchen Schutz und Geborgenheit

Das so genannte Bindungsmuster, das sich während des ersten Lebensjahres ausprägt, bleibt in seinen Grundstrukturen relativ konstant. Für das unselbstständige menschliche Neugeborene und Kleinkind ist die Bindung an die Person, die Schutz und Fürsorge gewährt, von lebenserhaltender Bedeutung. Das Bedürfnis nach Sicherheit und Geborgenheit durch eine zuverlässige Bindungsperson, die in Gefahrensituationen Schutz und Hilfe gewährt, bleibt lebenslang bestehen. Auch bei Erwachsenen wird in einer bedrohlichen Situation das in der frühen Kindheit ausgeprägte Bindungssystem aktiviert und löst schutzsuchendes Bindungsverhalten aus.

> **Vertiefende Information**

Frühgeborene erhielten oft nicht genug Liebe

Bei seiner Arbeit als Arzt in der Psychiatrie und Kinder- und Jugendpsychiatrie fiel Brisch auf, dass Trennungs- und Verlusterlebnisse bei der Entstehung vieler Erkrankungen eine wesentliche Rolle spielen. Durch den medizinischen Fortschritt überleben heute auch extrem kleine Frühgeborene. Eltern von Frühgeborenen sind auf den frühen Verlust der Schwangerschaft oft nicht vorbereitet und haben Schwierigkeiten, zu den sehr kleinen Frühgeborenen eine emotionale Bindung aufzubauen. Der Beginn des neuen Lebens verläuft somit anders als erwartet, das Frühgeborene muss oft wochenlang im Brutkasten gepflegt werden. Man weiß heute, wie wichtig Körperkontakt und Ansprache auch für ganz kleine Frühgeborene sind und versucht entsprechend, die Eltern mit einzubeziehen. Dabei ist es wichtig, dass sich die Eltern mit ihren Ängsten nicht allein gelassen fühlen und sich bei Bedarf auch Unterstützung holen.

Wie kann ich meinem Baby Sicherheit geben?

Ein Säugling sucht besonders die Nähe zu seiner engsten Bezugsperson, wenn er Angst erlebt. Wenn sich Ihr Baby von Ihnen getrennt fühlt, unbekannte Situationen oder die Anwesenheit fremder Menschen als bedrohlich erlebt oder wenn es Schmerzen hat, erhofft es sich von Ihrer Nähe Sicherheit, Schutz und Geborgenheit. Es sucht Ihre Nähe durch Blickkontakt oder körperlichen Kontakt. Ihr Kind gibt dabei ganz aktiv Signale. »Feinfühliges Verhalten« besteht darin, die Signale des Kindes (z. B. Weinen) wahrzunehmen, richtig einzuordnen und seine Bedürfnisse angemessen und sofort zu befriedigen. Sucht Ihr Kind Nähe und Körperkontakt? Hat es Hunger oder Durst? Friert es oder ist ihm zu warm? Hat es Schmerzen? Erkennen und befriedigen Sie »feinfühlig« seine Bedürfnisse, kann der Säugling eine sichere Bindung entwickeln.

Wann entwickelt sich eine unsichere Bindung?

Wird auf die Bedürfnisse gar nicht, nicht genügend oder unberechenbar (z. B. Wechsel zwischen Verwöhnung und Vernachlässigung) eingegangen, entwickelt sich häufiger eine unsichere Bindung.

Ist die wichtigste Bezugsperson bei drohender Gefahr nicht anwesend oder wird das Kind von ihr getrennt, reagiert es mit Weinen oder Wut

> **Vertiefende Information**

und sucht aktiv nach seiner Bezugsperson. Dabei entwickelt der Säugling im ersten Lebensjahr eine bestimmte Rangfolge verschiedener Bezugspersonen. Je größer der Schmerz oder die Angst (z. B. bei einer Verletzung oder Erkrankung), desto intensiver wird das Kind die wichtigste Bezugsperson einfordern und sich nicht durch weniger wichtige Bezugspersonen trösten lassen.

Wie erkennt man das Bindungsmuster eines Kindes?

Wenn Ihr Kind emotionale Sicherheit erlebt, kann es seiner Neugier nachgeben und sich mehr oder weniger weit von Ihnen entfernen, ohne emotional in Stress zu geraten. Die Selbststeuerung in Bezug auf Nähe und Distanz wird von einer feinfühligen Bezugsperson akzeptiert. Wenn die Bezugsperson das Kind übermäßig bindet, stellt sie zwar eine nahe Bindung her, gleichzeitig gewährt sie aber keinen ausreichenden Spielraum für dessen Bedürfnisse nach Exploration und frustriert auf diese Weise ihr Kind.

- Sicher gebundene Kinder zeigen deutliches Bindungsverhalten bei Trennung von der Bezugsperson. Sie rufen nach ihr, folgen ihr nach und suchen sie auch längere Zeit. Schließlich weinen sie und sind deutlich gestresst. Auf die Wiederkehr der Bezugsperson reagieren sie mit Freude, suchen Körperkontakt, wollen getröstet werden, können sich aber nach kurzer Zeit wieder beruhigen.
- Unsicher-vermeidend gebundene Kinder reagieren auf Trennung mit wenig Protest und zeigen kein deutliches Bindungsverhalten. Auf die Rückkehr der Bezugsperson reagieren sie eher mit Ablehnung und wollen nicht auf den Arm genommen und getröstet werden. In der Regel kommt es auch zu keinem intensiven Körperkontakt.
- Unsicher-ambivalent gebundene Kinder zeigen nach Trennungen den größten Stress und weinen heftig. Nach der Rückkehr der Bezugsperson können sie von dieser kaum beruhigt werden. Wenn sie von ihrer Bezugsperson auf den Arm genommen werden, drücken sie einerseits den Wunsch nach Körperkontakt und Nähe aus, andererseits verhalten sie sich aggressiv (Strampeln mit den Beinen, Schlagen oder Sichabwenden).
- Kinder mit desorganisiertem Verhaltensmuster lassen sich keiner der oben genannten Kategorien zuordnen. Sie wirken in ihrem Verhalten unsicher und desorientiert. Sie laufen z. B. zur Bezugsperson hin, bleiben auf der Hälfte des Weges stehen, drehen sich um, lau-

> **Vertiefende Information**

fen wieder weg und vergrößern den Abstand. Ihre Bewegungen können mitten im Bewegungsablauf erstarren und scheinbar »einfrieren«. Außerdem beobachtet man stereotype Verhaltens- und Bewegungsmuster. Das Bindungssystem dieser Kinder ist zwar aktiviert, äußert sich aber nicht in konstanten und eindeutigen Verhaltensweisen. Das Desorganisationsmuster wurde überzufällig häufig bei Kindern aus klinischen Risikogruppen wie auch bei Kindern von Eltern gefunden, die ihrerseits traumatische Erfahrungen mit in die Beziehung zum Kind einbrachten.

! **Wichtig**

Man geht heute davon aus, dass das Temperament oder die genetisch bedingten Verhaltensweisen des Kindes eine wesentliche Rolle in der Beziehung des Kindes zur Bezugsperson spielen. Ein unruhiger Säugling (z. B. mit Essproblemen, unstillbarem Schreien oder ausgeprägten Schlafproblemen) wird auch eine durchschnittlich feinfühlige Bezugsperson herausfordern oder überfordern.

Welche Schutz- und Risikofaktoren gibt es?

Vom ersten Lebensjahr bis zur Jugendzeit finden sich Parallelen wie auch Veränderungen in der Entwicklung der Bindung. Im ersten Lebensjahr ist nicht nur die Bindung für die weitere Entwicklung entscheidend. Vielmehr spielen die jeweiligen Schutz- und Risikofaktoren eine große Rolle. Schützend wirken Feinfühligkeit, ein gewohnter Rhythmus, Gegenseitigkeit und Vorhersehbarkeit. Kind und Bezugsperson sind ein eingespieltes Team, stellen sich aber auch immer wieder auf die neue Situation ein. So kennt das Kind den Ablauf des Wickelns bei der Mutter und ist mit ihr im Kontakt. Genauso vertraut kann der ganz anders ablaufende Wickelvorgang durch den Vater sein. Das Kind kennt die jeweiligen Verhaltensweisen und ordnet sie verschiedenen vertrauten Personen zu. Risikofaktoren können wichtige Lebensereignisse sein wie Scheidung, Umzug, Krankheit oder Tod eines Elternteils. So kann aus einer anfangs sicheren Bindung eine unsichere werden.

Studien zur emotionalen Stabilität und Belastbarkeit von Kindern kommen eindeutig zu dem Ergebnis, dass das Vorhandensein zumindest einer verfügbaren Bezugsperson einen Schutzfaktor darstellt. Ist

> **Vertiefende Information**

dieser Schutzfaktor vorhanden, kann das Kind trotz Belastung seelisch relativ gesund bleiben.

Wie wirkt sich eine unsichere Bindung aus?

In Studien findet man Zusammenhänge zwischen einer unsicheren Bindung und Verhaltensauffälligkeiten bei Kindern.

- Besonders die desorganisierte Bindung wurde wesentlich häufiger bei misshandelten Kindern gefunden.
- Säuglinge von Eltern, die an einer Depression oder einer Schizophrenie erkrankt waren, sind tendenziell häufiger unsicher gebunden.
- Zusammenhänge mit einer unsicheren Bindung fand man auch bei Borderline-Persönlichkeitsstörungen, Depression, Schizophrenie und Traumatisierungen in der Kindheit.
- Ein desorganisiertes Bindungsmuster findet man insbesondere bei dissoziativen Störungen.
- Belastende Umweltbedingungen können den Aufbau einer sicheren Bindungsbeziehung ebenso beeinträchtigen wie ein lang dauernder Heim- oder Krankenhausaufenthalt und ständig wechselnde Pflegepersonen.

Was sind Bindungsstörungen?

Die Diagnose einer Bindungsstörung setzt voraus, dass ein Kind ganz erhebliche Veränderungen im Verhalten mit den verschiedensten Bezugspersonen zeigt, die über einen längeren Zeitraum (über sechs Monate) zu beobachten sind. Bindungsstörungen können sich ganz unterschiedlich äußern.

Kein Bindungsverhalten. So können Kinder überhaupt kein Bindungsverhalten zeigen. Sie reagieren in Trennungssituationen nicht mit Protest oder bevorzugen keine Bezugsperson. Dieses Verhaltensmuster sieht man teilweise bei Heimkindern oder bei Kindern, die schon im Säuglingsalter vielfältige Beziehungsabbrüche und -wechsel durchlebt haben.

Unfall-Risiko-Typ. Eine andere Form von Bindungsstörung wird als Unfall-Risiko-Typ beschrieben. Diese Kinder sind häufig in Unfälle mit Selbstgefährdung und Selbstverletzung verwickelt. Die Kinder verges-

> **Vertiefende Information**

sen oder unterlassen es vollständig, sich bei ihrer Bezugsperson in einer gefährlichen Situation rückzuversichern. Trotz schmerzlicher Unfallerfahrungen setzen sie scheinbar ohne Lernprozess ihr Risikoverhalten fort. Diese Kinder werden oft von ihren Eltern in die chirurgische Ambulanz zur Behandlung gebracht. Auch diese Variante findet man bei Kindern mit häufigem Wechsel von Bezugspersonen oder bei vernachlässigten Kindern.

Übersteigertes Bindungsverhalten. Bei einem übersteigerten Bindungsverhalten fallen die Kinder durch exzessives Klammern auf. Auf eine Trennung von ihrer Bindungsperson reagieren sie übermäßig emotional gestresst. Sie weinen, toben, geraten in Panik und sind untröstlich. Diese Bindungsstörung beobachtet man bei Kindern, deren Mütter z. B. an einer Angststörung mit extremen Verlustängsten leiden. Auch die Mütter geraten in panische Angst, wenn ihre Kinder sich von ihnen vorübergehend trennen.

Rollenumkehr. Eine andere Art von Bindungsstörung ist die Rollenumkehr zwischen der Bezugsperson und dem Kind. Das Kind übernimmt die Verantwortung für die erwachsene Bindungsperson und schränkt sein eigenes Erkunden der Umwelt weitgehend ein. Diese Kinder haben Angst um den realen Verlust ihrer Bindungsperson, etwa bei drohender Scheidung, bei Suiziddrohungen oder nach einem Suizidversuch eines Elternteils. Wenn sie tatsächlich einen Elternteil durch Suizid verloren haben, kann sich ihr überfürsorgliches Verhalten mit Rollenumkehr auch auf den verbleibenden Elternteil richten.

Wie häufig sind Traumata?

Sicher ist nicht jede Belastung ein Trauma. Der Begriff Trauma ist in letzter Zeit leider sehr in Mode gekommen und manchmal werden inzwischen normale Alltagsbelastungen und Kränkungen als Trauma bezeichnet. Zum Beispiel wenn man sich bei der Arbeit ärgert oder wenn einen die Freundin versetzt etc.

Diese Verallgemeinerung halten wir nicht für sinnvoll. Damit werden die echten Probleme verwässert und das Tragische und Entsetzliche von Traumata letztlich bagatellisiert.

Traumatische Erfahrungen stellen eine seelische Katastrophe dar. Wenn eine kleine Kränkung als Trauma bezeichnet wird, wird so getan, als sei das alles doch nicht so schlimm.

> **Welche weiteren Störungen treten auf?**
>
> Menschen, die an einer posttraumatischen Belastungsstörung (Erklärung siehe S. 47 ff.) leiden, bringen 26-mal mehr die Wahrscheinlichkeit mit, dass sie so genannte affektive Störungen, also vor allen Dingen Depressionen, entwickeln, 27-mal mehr besteht die Wahrscheinlichkeit, dass sie eine Angststörung entwickeln, 28-mal mehr besteht die Wahrscheinlichkeit, dass sie an einer Alkoholabhängigkeit leiden. Auch die Wahrscheinlichkeit, eine Panikstörung zu entwickeln, ist hoch.
>
> Mit anderen Worten, wenn ein Mensch depressive Probleme, eine Angststörung, eine Panikstörung, Probleme mit Alkohol und Drogen gehabt hat oder hatte und womöglich noch Suizidgedanken, dann liegt eine hohe Wahrscheinlichkeit vor, dass dieser Mensch an einer Traumafolgestörung leiden könnte.

Traumata kommen oft vor

Forscher weltweit haben herausgefunden, dass bis zu 75 Prozent der Bevölkerung im Lauf ihres Lebens eine traumatische Erfahrung machen und dass etwa 25 Prozent der Betroffenen eine Traumafolgeerkrankung entwickeln.

Dass es viele Traumafolgestörungen geben soll, ist für manche Menschen schwer zu akzeptieren. Jedoch besteht bei der Gruppe derer, die ärztliche oder therapeutische Hilfe in Anspruch nehmen, sehr viel eher die Wahrscheinlichkeit, dass man Patienten mit einer (komplexen) posttraumatischen Belastungsstörung und anderen Traumafolgestörungen findet als in der Durchschnittsbevölkerung.

Wenn Sie sich kerngesund fühlen, ist es daher weniger wahrscheinlich, dass Sie ein Trauma erlitten haben, obwohl es immer wieder vorkommt, dass Menschen auch schwere Traumata »wegstecken«, und es dann viel später im Leben, z. B. wenn neue Belastungen auftreten, doch noch deutlich wird, dass die traumatische Erfahrung nicht verarbeitet wurde.

Zurzeit kann man z. B. in Deutschland beobachten, dass viele Ältere, die den letzten Weltkrieg miterlebt haben, erst jetzt unter den Folgen zu leiden scheinen, während es ihnen jahrzehntelang gut ging. Kriegskinder, die jetzt im Seniorenalter sind, reagierten z. B. auf den Amoklauf in Erfurt mit massiven Ängsten im Sinne einer Retraumatisierung, obwohl sie nicht direkt betroffen waren.

Viele Menschen erholen sich von selbst

Einige Wochen bis Monate nach der traumatischen Erfahrung erscheinen viele Menschen geheilt. Wenn man alles zusammenzählt, erholt sich etwa ein Drittel aller Betroffenen. Diese Zahl kommt allerdings zustande, weil hier alles »in einen Topf« geworfen wird, Verkehrsunfälle und Vergewaltigungen z. B. Insofern ist diese Zahl auch irreführend. Von Vergewaltigungen erholt sich nämlich höchstens ein Viertel, von Folter erholt sich fast niemand von alleine.

Von einem weiteren Drittel wird gesagt, dass diese Menschen wieder gesund erscheinen und gut im Leben zurecht kommen. Das geht aber nur so lange gut, solange sie nicht erneut in belastende Situationen geraten. Insbesondere Situationen von Ohnmacht und Hilflosigkeit können bei diesen Menschen das Trauma wiederbeleben, so dass sie dann doch Symptome zeigen, wie die Menschen, die von Anfang an nicht mit dem Trauma fertig geworden sind.

Welche Folgen hat ein traumatisches Ereignis?

Ein Trauma wirkt wie extremer Stress. Wir beschreiben, was dabei im Körper und insbesondere im Gehirn passiert. Sie erfahren auch, woran Sie erkennen, ob Sie selbst oder Ihre Angehörigen traumatisiert sind und wie der Körper ein Trauma verarbeitet.

Was passiert im Körper?

Ein traumatisches Erlebnis löst eine Stressreaktion aus. Körper und Geist sind in Alarmbereitschaft, was dem Überleben dient. Es gibt im Wesentlichen drei mögliche Reaktionen, die in allen Kulturen und auch im Tierreich gleichermaßen vorkommen:

Kampf. Kampf ist dann sinnvoll, wenn realistische Chancen bestehen, den Gegner zu überwältigen. Eine Parallele im Tierreich ist z. B. der Kampf zwischen einem Löwen und einem Bär.

Flucht. Man sollte fliehen, wenn realistische Chancen bestehen, dem Gegner zu entkommen. Eine entsprechende Parallele im Tierreich ist z. B. der Hase, der seine Haken schlägt, um sich vor dem Raubtier zu retten.

Erstarrung. Der »Totstellreflex« tritt dann ein, wenn Kampf oder Flucht nicht mehr möglich sind. So lässt sich z. B. die Gazelle wie tot zu Boden fallen, wenn sie vom Raubtier eingeholt wird. Diese Reaktion kann ihr in einem Fall das Leben retten, weil manche Raubtiere kein Interesse an einem anscheinend toten Tier haben. Im anderen Fall spürt sie den Schmerz nicht mehr, wenn sie gefressen wird.

Akuter und chronischer Stress

Organismen, die bei akuter Gefahr ihren Körper an die Extremsituation anpassen können, sind ganz offensichtlich eher in der Lage zu überleben. Daher haben sich im Verlauf der Evolution Mechanismen herausgebildet, die auf die Notfallsituation zugeschnitten sind und die man als Stressreaktion zusammenfasst.

Akuter Stress führt über die Freisetzung von Glukokortikoiden (insbesondere Cortisol) zu einer vermehrten Bereitstellung von Glucose (Zucker), dem direkten Energielieferanten. Blutdruck und Puls steigen, die Durchblutung von Muskeln und Gehirn wird intensiviert. Zugleich werden Verdauung, Wachstum, Fortpflanzung und Immunsystem gehemmt.

Bei anhaltender Stressreaktion können sich Langzeitwirkungen entwickeln wie Bluthochdruck, Muskelschmerzen, chronische Müdigkeit,

Verdauungsstörungen mit Neigung zu Geschwüren, sexuelle Störungen und Infektanfälligkeit. Über die Energiemobilisation mit Erhöhung des Blutzuckers kann es zum Steroiddiabetes kommen.

> **Wichtig**
>
> Akuter Stress ist eine biologisch sinnvolle Anpassung an eine Gefahrensituation. Chronischer Stress hingegen ist eine der wesentlichen Ursachen von Zivilisationskrankheiten. Während akuter Stress zu verbessertem Lernen führen kann, haben extrem starker und insbesondere chronischer Stress negative Auswirkungen auf das Gedächtnis.

Traumatischer Stress

Insbesondere frühe Beziehungstraumata, aber durchaus auch spätere Extrembelastung, hinterlassen Spuren im Gehirn, die dazu führen, dass betroffene Menschen über eine sehr geringe Stresstoleranz verfügen. Dies ist körperlich bedingt und kann von den Betroffenen nicht ohne weiteres mit psychologischen Mitteln beeinflusst werden. Bei Menschen mit frühen Beziehungstraumata, also Traumata, die ihnen von wichtigen Bezugspersonen zugefügt wurden, gibt es Defizite in der Fähigkeit zur Steuerung der Gefühle und zur Selbstberuhigung, auch ist Dissoziation (siehe S. 54 ff.) oft die einzige Möglichkeit für traumatisierte Menschen, sich zu schützen. Fühlen sie sich – wodurch auch immer – gestresst, dissoziieren sie dann auch im späteren Leben. Das dissoziative Verhalten selbst kann leider später retraumatisierend sein, also wie ein Trauma erlebt werden.

Sie können sich das so vorstellen, dass das Dissoziieren so eng mit dem Trauma verbunden ist, dass es im Gehirn den Anschein erweckt, als geschehe jetzt das Trauma.

Was geschieht im Gehirn?

Das Gehirn ist nicht statisch, sondern äußerst veränderbar, es passt sich den Bedingungen der Umgebung zeitlebens an. Die Anpassungsvorgänge im Zentralnervensystem an die Lebenserfahrung bezeichnet man als »Neuroplastizität«.

Welche Folgen hat ein traumatisches Ereignis?

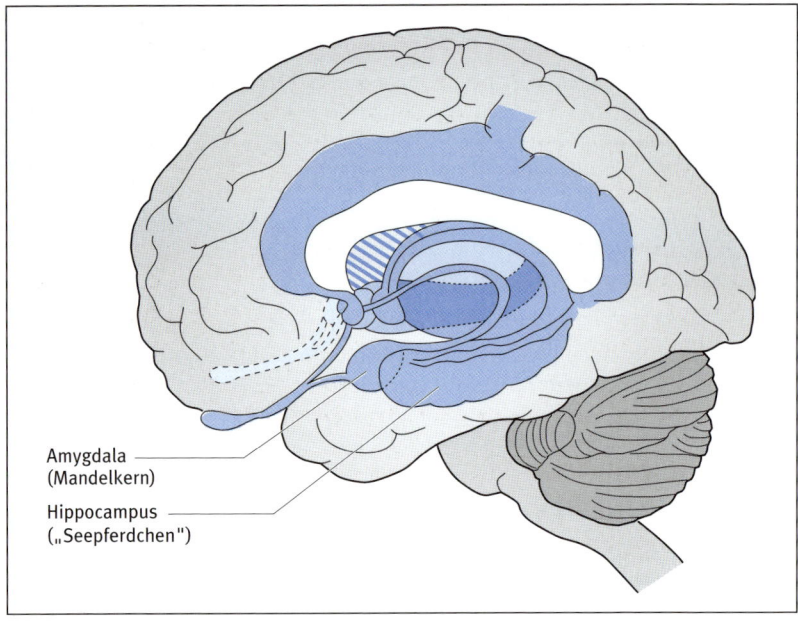

Lage von Hippocampus und Mandelkernen im Gehirn.

Wie lernen wir?

Das Lernen von neuen Wissensinhalten erfolgt über den Hippocampus. Dieser Teil des Gehirns heißt aufgrund seiner Form übersetzt »Seepferdchen«.

Tiefschlafphasen sorgen für die Übertragung des Gelernten vom eher kleinen und flüchtigen Speicher Hippocampus in den großen Langzeitspeicher Großhirnrinde.

Ganz in der Nähe des vorderen Endes des Hippocampus liegen die Mandelkerne (»Amygdalae«, Einzahl: Amygdala), die ihren Namen ebenfalls aufgrund ihrer Form haben. Hier werden die mit einer Erfahrung verbundenen Gefühle gespeichert. Normalerweise besteht eine enge Zusammenarbeit mit dem Hippocampus. Es werden Verknüpfungen geschaffen zwischen dem Erlebten und den damit verbundenen Gefühlen. Die Mandelkerne tragen dazu bei, dass wir unangenehme Erlebnisse sehr rasch lernen und in Zukunft vermeiden. Zum Fürchten-Lernen braucht man die Mandelkerne.

Angst engt das Denken ein

Große Angst bewirkt zwar rasches Lernen, verhindert aber die Verknüpfung des neu zu Lernenden mit bereits bekannten Inhalten. So werden bestimmte, mit starker Angst verbundene Erlebnisse nicht vergessen, können aber nicht in einen Gesamtzusammenhang gebracht werden. Die zur Verarbeitung des Erlebten notwendige Zusammenarbeit mit dem Hippocampus ist gestört. Erinnerungen werden lediglich als Gefühlszustände gespeichert, verbunden mit körperlichen Reaktionen und Bildern. Angst verändert nicht nur den Körper in Richtung Kampf oder Flucht, sondern auch den Geist. Das Denken ist eingeengt, man kommt aus seinem gedanklichen Käfig nicht heraus. Wer z. B. Prüfungsangst hat, kommt nicht auf die einfache, aber etwas Kreativität erfordernde Lösung. Ohne Angst werden die Gedanken freier, offener und weiter.

Heißes Gedächtnis – die emotionale Erinnerung

Bei anhaltender Stressreaktion sind die so genannten Stresshormone ständig erhöht. Stresshormone wirken sich ungünstig auf Nervenzellen aus, insbesondere auf Nervenzellen des Hippocampus. So werden traumatische Erfahrungen über die Mandelkerne als Gefühlszustände, Bilder oder körperliche Reaktionen erinnert, nicht aber als konkrete Ereignisse im Zusammenhang mit der äußeren Realität. Es entsteht eine »hippocampale Amnesie«, d. h. es besteht keine Erinnerung an die konkrete reale Situation.

Für die Verarbeitung eines traumatischen Erlebnisses ist folgende Verknüpfung notwendig:

- Was ist passiert?
- Was habe ich gefühlt?
- Was habe ich gedacht?
- Wie habe ich reagiert?

Wenn das Ereignis in einen Gesamtzusammenhang eingeordnet werden kann, kann sich die Einstellung entwickeln: »Es ist vorbei. Ich habe es überlebt.«

Bei der nicht geglückten Traumaverarbeitung überwiegt das emotionale Gedächtnis (»hot memory«: heißes Gedächtnis) zu Lasten des autobiographischen Gedächtnisses (»cold memory«: kaltes Gedächtnis). Es besteht ein Nebeneinander von intensiven Erinnerungszuständen (Intrusionen) einerseits und Erinnerungslücken bezüglich der konkreten Erlebnisse andererseits.

Welche Folgen hat ein traumatisches Ereignis?

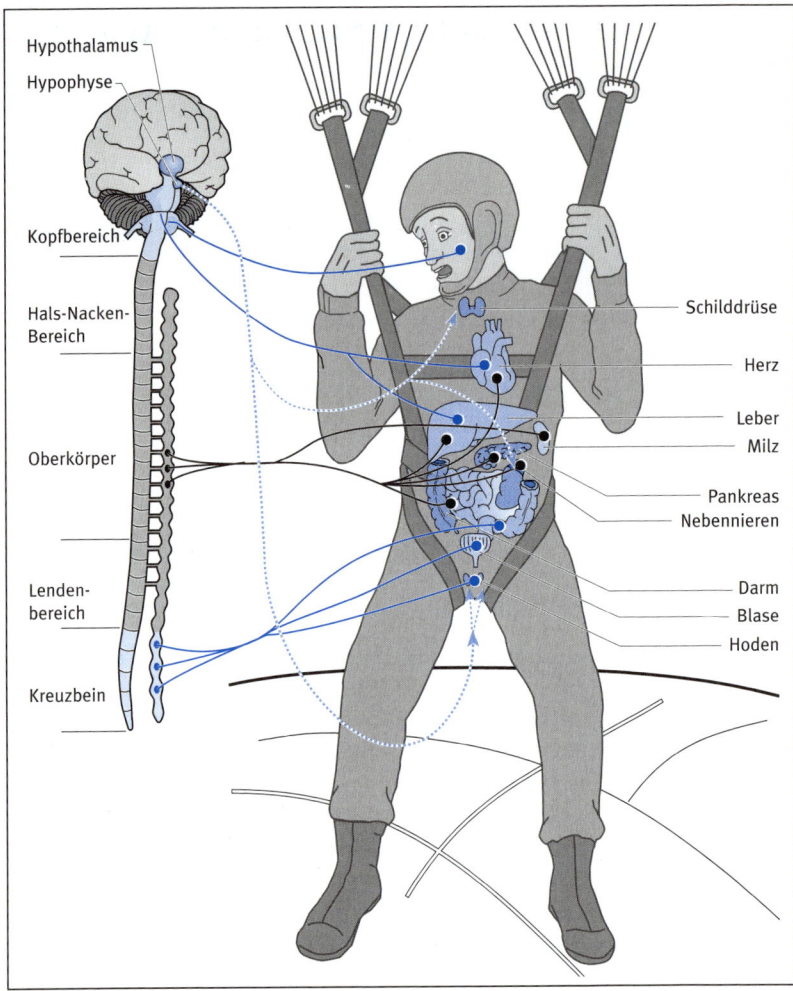

Körperreaktionen bei extremer Stressreaktion.

Bei extremem Stress wird das Bewusstsein vernebelt

In einer akuten Stressreaktion werden vermehrt körpereigene Opiate freigesetzt. Diese können zu einer Art Betäubung oder Erstarrung führen, die Schmerzwahrnehmung wird gehemmt (vgl. »Totstellreflex« im Tierreich). Diese Reaktion erlaubt dem Organismus, eine überwältigende Belastung nicht bei klarem Bewusstsein zu überstehen, und auch die traumatische Erfahrung nicht exakt zu erinnern.

Wie kann man erkennen, ob man traumatisiert ist?

Früher dachte man, man klärt Traumafolgen und traumatischen Stress am besten dadurch, dass man so gründlich wie möglich fragt, was jemand in seinem Leben alles erlitten hat. Und das war, wie wir heute wissen, ein Irrweg. Das ist die problematischste Art, um etwas über Traumata zu erfahren.

Wichtig

Wenn Sie irgendwo gehört oder gelesen haben, dass es immer gut ist, genauestens zu klären, ob es in Ihrem Leben belastende Erfahrungen gegeben hat und darüber dann ausführlich zu reden, dann sollten Sie dem keinen Glauben schenken. Diese Vorstellung beruht auf überholten Konzepten, wonach es grundsätzlich gut ist, Belastendes aus der Vergangenheit ins Gedächtnis zurückzuholen. Tatsächlich ist es so, dass es eine Menge innerer Stärke braucht, um sich an schlimme Dinge genau erinnern zu können, und daher sollten Sie das nicht versuchen, solange Sie sich nicht sehr stark fühlen.

Sie können aber einiges an Klarheit gewinnen, wenn Sie sich selbst genau beobachten. Und wenn Sie sich einiges an Wissen über Traumafolgestörungen aneignen. Die Erkundung Ihrer Lebensgeschichte sollten Sie immer nur sehr behutsam vornehmen. Seien Sie skeptisch gegenüber allen Menschen, Bekannten, Freunden, Therapeuten, die Sie bedrängen wollen, sich mit Ihrer Lebensgeschichte zu befassen, wenn Sie selbst spüren, dass Sie das eigentlich gar nicht wollen.

Anzeichen für traumatischen Stress

Wie Sie selbst Zeichen erkennen können, die Sie dann mit einer fachkundigen Person auswerten können:

- Können Sie bemerken, dass Sie manchmal sehr stark riechen, ja vielleicht denken Sie sogar »stinken«, und haben Sie sich schon einmal gefragt, ob das mit Angstschweiß zu tun haben könnte, wenn Sie ein Gespräch führen wollen? Oder: haben Sie sich schon einmal gewundert, dass es Ihnen sehr unangenehm ist, wenn Ihnen jemand die Hand geben möchte, so dass Sie, obwohl Sie es eigentlich anders möchten, einfach nicht die Hand geben können?

Welche Folgen hat ein traumatisches Ereignis?

- Halten Sie sich eher für kontaktscheu?
- Haben Sie schon einmal bemerkt, dass Sie voller Angst sind, ohne dass Sie dafür eine rechte Erklärung haben? Vielleicht ist es Ihnen sogar schon einmal aufgefallen, wenn Sie in den Spiegel geschaut haben.
- Ist Ihnen schon einmal oder häufiger aufgefallen, dass Sie unbedingt immer alles unter Kontrolle haben möchten, und dass Sie sich deshalb z. B. in geschlossenen Räumen immer gern in die Nähe der Tür setzen, ja mehr noch, dass Sie es gar nicht aushalten können, wenn Sie nicht in der Nähe der Tür sind?

Das sind noch keine Beweise, dass Sie unter traumatischem Stress leiden, aber die Vermutung könnte nahe liegen.

Wie zeigt sich eine Traumafolgestörung?

Übererregungssymptome. Bei einer Traumafolgestörung ist es typisch, dass Menschen unter Übererregungssymptomen leiden, z. B. dass sie sich ganz schnell aufregen, dass sie die Mücke an der Wand stört oder sie wie HB-Männchen schnell an die Decke gehen. Häufig ist auch, dass sie Schlafstörungen haben, dass das Herz eher schneller schlägt und der Puls bei geringer Aufregung sehr hoch geht und dass sie leicht in Streit geraten. Menschen mit einer Traumafolgestörung können sich auch schlecht an etwas leicht Erschreckendes gewöhnen. Zum Beispiel das unerwartete Klingeln des Telefons, während sie mit etwas anderem beschäftigt sind. Wenn einem so etwas das erste Mal passiert, schreckt man zusammen, wenn sich das aber wiederholt, dann gewöhnt man sich daran und schreckt infolgedessen auch nicht mehr zusammen. Anders ist das bei Menschen mit einer Traumafolgeerkrankung: Sie schrecken jedes Mal zusammen. Ihr Körper reagiert heftiger auf äußere Belastung, sogar wenn man eigentlich weiß, dass es keine ist.

Vermeidungssymptome. Häufig sind auch Vermeidungssymptome: Ist es Ihnen schon aufgefallen, dass Sie ungern in Menschenansammlungen sind, dass Sie sich in Kaufhäusern unwohl fühlen und so schnell wie möglich wieder weggehen? Dass Sie überhaupt andere Menschen meiden, sich unwohl in der Nähe anderer fühlen und dass Sie eigentlich immer »mit dem Schlimmsten« rechnen und anderen nicht viel Gutes zutrauen? Deshalb gehen Sie andern dann auch aus dem Weg?

Kommt es bei Ihnen auch vor, dass Sie bestimmte Orte meiden, ohne dass Sie genau wissen, warum Sie das tun? Möglicherweise wissen Sie aber auch, da gehe ich nicht mehr vorbei, denn da hatte ich einen Unfall oder es ist sonst irgendetwas Unangenehmes dort passiert.

> **! Wichtig**
>
> Wichtig ist, dass Sie wissen, dass Sie all diese seltsamen Dinge vielleicht aus guten Gründen so tun und dass Sie sich vielleicht, ohne es zu wissen, schützen wollen.
>
> Leider sind manche dieser Schutzbemühungen im erwachsenen Leben keine Hilfe, sondern machen einem Probleme. Dennoch sollten Sie wissen, dass es nicht günstig ist, wenn man diese Schutzmechanismen zerstört, ohne dass Sie etwas Neues, Besseres zur Verfügung haben. Seien Sie also achtsam mit sich selbst, auch indem Sie sich selbst mit allem, was Sie tun, erst einmal respektieren.

Schwierigkeit, mit Ärger gekonnt umzugehen. Dieses Unvermögen ist eines der häufigsten Probleme von Menschen, die Opfer von traumatischen Erfahrungen wurden.

Vielleicht, wenn Sie sich jetzt fragen: »Was mache ich, wenn ich mich ärgere?«, kommen Sie zu dem Schluss, dass Sie sich im Allgemeinen viel mehr aufregen, als Sie das bei anderen beobachten können. Möglicherweise haben Sie sich auch schon einmal gewundert, warum Ihnen das so viel schwerer fällt als anderen, Ärger loszulassen, sich »abzuregen«.

Gefühle machen Ihnen Angst. Aber es ist nicht nur der Ärger, der Probleme macht, auch andere Gefühle könnten Sie als bedrohlich erleben und vielleicht haben Sie beobachtet, oder andere haben es Ihnen gesagt, dass Sie in Gefühlsdingen distanziert, ja sogar »kalt« wirken.

Vielleicht können Sie sogar sagen, dass Ihnen alle Gefühle Angst machen. Sie können sich nicht »richtig« freuen, Sie können nicht so traurig sein, wie andere. Alles, was mit Gefühlen zusammenhängt ist Ihnen irgendwie ein »Graus«.

Vielleicht wünschen Sie sich manchmal, dass es anders wäre, aber Sie wissen nicht, wie Sie es anstellen sollen.

Selbstzerstörerisches Verhalten. Menschen mit Traumafolgestörungen gehen oft schnell an die Decke, aber einige lassen sich nach außen nichts anmerken, sondern richten die ganze Spannung gegen sich selbst. Daraus kann dann ein Verhalten resultieren, das sich selbstdestruktiv, ja sogar als Selbsttötungswunsch äußert. Schneiden Sie sich oder verletzen Sie sich auf andere Art? Denken Sie oft an Selbstmord? Haben Sie schon einmal einen Selbsttötungsversuch unternommen?

Weitere mögliche Symptome.
- Wie steht es mit Ihrer Hingabefähigkeit? Fällt es Ihnen schwer, sich anzuvertrauen, sich fallen zu lassen?
- Müssen Sie viel kontrollieren, überlassen nichts dem Zufall?
- Bemerken Sie, dass Sie im Vergleich mit anderen wenig spontan machen, alles planen und möglichst jedes kleine Detail im Voraus wissen müssen?
- Machen Sie sich häufig Selbstvorwürfe?
- Haben Sie das Gefühl, ohnehin nichts bewirken zu können?
- Leiden Sie an chronischen Schuldgefühlen?
- Würden Sie sagen, dass Sie eigentlich dauernd depressiv sind?
- Haben Sie bei sich bemerken können, dass Sie immer wieder zum Opfer werden?
- Haben Sie eventuell auch eine Tendenz an sich beobachten können, andere zu Ihren Opfern zu machen?
- Fühlen Sie sich oft verzweifelt und hoffnungslos?
- Falls Sie vergleichen können: Haben sich Ihre Lebensüberzeugungen vollkommen verändert und gilt nichts mehr, was früher für Sie galt, so dass sie heute viel pessimistischer sind als früher?

In der Regel werden all diese Dinge unbewusst geschehen. Und so unangenehm sie sich auf Sie und andere auch auswirken, dienen sie Ihrem Schutz und nur, wenn Sie bessere, gesündere Möglichkeiten entdeckt und sich damit vertraut gemacht haben, können Sie die ungesunden Verhaltensweisen dauerhaft aufgeben. Das braucht Zeit.

> **Bin ich traumatisiert?**
>
> Bei der Entwicklung einer posttraumatischen Belastungsstörung spielen folgende Faktoren eine wichtige Rolle:
>
> - starke Angst bis zu Todesangst während des traumatischen Ereignisses
> - Gefühl von Hilflosigkeit während des traumatischen Ereignisses oder kurz danach
> - starke psychische Belastung, wenn Sie etwas sehen oder hören, das Sie an das Ereignis erinnert
> - Wellen von starken Gefühlen im Zusammenhang mit dem Ereignis
> - Schwierigkeiten, ein- oder durchzuschlafen, weil Ihnen Bilder oder Gedanken über das Ereignis in den Sinn kommen
> - plötzliches Wiedererleben des Traumas, als wären Sie wieder in der traumatischen Situation
> - belastende Träume oder Albträume von dem Ereignis
> - Vermeiden von Gedanken an das Ereignis
> - eingeschränkte Gefühlswelt (z. B. nicht weinen können oder sich unfähig fühlen, liebevolle Gefühle zu erleben)
> - Befürchtung schlimmer Folgen für die Gesundheit.

Gesunde Verarbeitung eines Traumas

Kehren wir zu unserem konstruierten Beispiel – Ihrem Verkehrsunfall auf der engen Bergstraße – zurück. Der Tee wäre ausgetrunken, jemand bringt Sie nach Hause.

Wie geht es weiter?

Es wird nun einige Wochen, vielleicht sogar ein paar Monate dauern, bis Sie sich wieder ganz gesund fühlen.

In der nächsten Zeit werden einige Ihnen seltsam erscheinende Dinge mit Ihnen geschehen.

Alle diese Dinge dienen dazu, Ihr Trauma zu verarbeiten. Es ist wichtig, dass Sie sich das immer wieder bewusst machen, auch wenn es Ihnen schwer fällt. Genau durch diese seltsamen Verhaltensweisen sorgt Ihr Organismus dafür, dass Sie wieder ganz gesund werden.

Ihre Kräfte der Heilung und Selbstheilung sind am Werk.

Es kann sein, dass Sie alle im Weiteren beschriebenen Merkmale erleben oder nur einige davon.

Ihr Organismus wird zwei Arten von Selbstheilung erproben, diese beiden sehr unterschiedlichen Arten werden sich vermutlich immer wieder abwechseln:

Intrusion. Sie werden beobachten, dass Sie immer wieder ein Bedürfnis verspüren, sich mit dem Trauma auseinander zu setzen, dann werden Sie darüber sprechen wollen, Sie werden möglicherweise auch von dem Ereignis träumen, manchmal werden Sie blitzartig an das Geschehene erinnert werden, ohne dass Sie das bewusst wollten. Dieses Verhalten wird auch als Intrusion bezeichnet.

Konstriktion. Auf der anderen Seite werden Sie das Bedürfnis verspüren, dicht zu machen. Man soll Sie in Ruhe lassen, bloß nicht darüber reden. Dinge, die Sie an den Unfall erinnern, z. B. Bilder, werden Sie meiden wollen. Dieses Verhalten nennen Fachleute Konstriktion.

Innere Auseinandersetzung. Diese sich abwechselnden Phasen der Auseinandersetzung und des Vermeidens helfen Ihnen, dass Sie irgendwann sagen können, es ist vorbei.

Solange die innere Auseinandersetzung noch nicht abgeschlossen ist, werden Sie vermutlich nicht das Gefühl haben, dass diese Sache vorbei ist. Jedes Mal, wenn Sie daran denken oder Sie irgendetwas erinnert, wird es sich schrecklich bedrohlich anfühlen und Sie werden wahrscheinlich fast so ein Gefühl haben, als geschehe Ihnen der Unfall noch einmal.

Verwirrung. Es ist auch wahrscheinlich, dass Sie sich gelegentlich verwirrt fühlen und »nicht richtig da sind«. Wenn Sie wieder richtig da sind, wissen Sie vielleicht gar nicht, wo Sie in Gedanken waren. Vielleicht sind Sie auch für eine Weile vergesslicher. Das Leben rauscht an Ihnen vorbei und Sie haben das Gefühl, dass das nicht Ihr Leben ist. Sie fühlen sich fremd auf der Welt, wie nicht zu Hause.

Fremdheitsgefühle. Vielleicht verspüren Sie manchmal ein starkes Bedürfnis nach Nähe mit anderen Menschen – und wenn das so ist, sollten Sie diesem Bedürfnis unbedingt nachgeben – und dann wollen Sie wieder alleine sein. Das kann ganz abrupt wechseln. Plötzlich fühlen Sie sich so fremd, dass Sie nur noch allein sein wollen. Auch diesem Bedürfnis sollten Sie nachgeben. Manche Menschen fühlen sich nach einer traumatischen Erfahrung von allen anderen so wenig verstanden, dass sie die anderen regelrecht hassen. Auch das ist verständlich und geht vorüber.

Reizbarkeit. Sie werden sich als dünnhäutiger und leichter reizbar erleben, als Sie das sonst von sich kennen. Sie werden vielleicht Schweißausbrüche haben, Schlafstörungen, vermehrtes Herzklopfen. Ihr Körper wird also viele Zeichen von Stress aufweisen, die Sie so vielleicht noch nicht kannten.

Panik. Wenn Sie an das Ereignis denken, werden Sie vielleicht auch ganz heftige Gefühle wie Panik und Todesangst empfinden. Oder diese Gefühle überfallen Sie, sogar ohne dass Sie etwas gedacht haben.

! Wichtig

Sie sind nicht krank oder gar verrückt, wenn Sie die beschriebenen Symptome und Verhaltensweisen erleben. All diese Erfahrungen mögen unangenehm sein, sie dienen Ihnen aber dazu, dass Sie so schnell wie möglich mit dem Trauma fertig werden.

Es wäre gut, wenn Sie das immer wieder bedenken würden, und wenn Ihre Umgebung auch darüber Bescheid weiß.

Unser Organismus hat Möglichkeiten zur Verfügung, sich selbst zu heilen. Je weniger wir ihn dabei stören, das heißt, ihn machen lassen, desto größer ist die Wahrscheinlichkeit, dass wir wieder ganz gesund werden können.

Fühlen Sie sich schuldig?

Wenn es kein Verkehrsunfall war, den Sie erlitten haben, sondern etwas, was Ihnen ein anderer Mensch – böswillig – angetan hat, dann wird es schwerer sein, mit dem Trauma fertig zu werden.

Es könnte sein, dass Sie sich dann fragen, ob es an Ihnen lag, dass Ihnen das passiert ist. Was haben Sie falsch gemacht?

Welche Folgen hat ein traumatisches Ereignis?

Viele Traumaopfer geben sich die Schuld. Dieses scheinbar absurde Verhalten hat aber auch einen gewissen Sinn. Wenn wir Schuld sind, dann könnten wir ja etwas machen, das heißt, ohnmächtig wären wir dann nicht. So ist das Sich-die-Schuld-Geben also in gewisser Weise ein Schutz, allerdings kein sehr gesunder.

Es könnte sogar sein, dass Sie als Opfer des Verkehrsunfalls sich für eine Weile fragen, ob Sie nicht doch hätten langsamer fahren sollen – obwohl Sie wissen, dass Sie ohnehin nur 20 Stundenkilometer gefahren sind.

Auch Schamgefühle kommen häufig vor

Traumaopfer schämen sich auch oft, so als hätten sie etwas falsch gemacht, sich schlecht benommen. Menschen, die traumatisiert wurden, äußern sich deshalb darüber häufig in Gesprächen mit professionellem Kontext nicht. Häufig eben aus Scham, insbesondere dann, wenn es sich um sexualisierte Gewalterfahrung handelt. Auch Schuldgefühle können eine Rolle spielen, wenn man sich nicht traut, über traumatische Erfahrungen zu sprechen.

Ein weiterer Grund kann sein, dass die traumatische Erfahrung für normal gehalten wird. So vor allem die Erfahrung von Gewalt insbesondere unter Männern. Sie gilt in unserer Gesellschaft bei vielen noch als so selbstverständlich, dass sie nicht als traumatisierend verstanden wird.

Viele wissen auch nicht, dass Gewalt gegen Kinder, insbesondere, wenn diese sehr klein sind, verheerende Folgen haben kann und dass Gewalt heute als eine Form der Traumatisierung verstanden wird.

Nicht bagatellisieren

Je mehr man denkt, dass das, was einem widerfährt, »normal« ist, desto eher wird man sich dafür schämen oder schuldig fühlen. Tatsächlich sind aber Traumata etwas, das niemals »normal« ist. So, wie ein Orkan auch nicht die Regel ist, sondern eine seltene Ausnahme. Und: Menschen können mit den Verwüstungen, die ein Orkan anrichtet, fertig werden, doch dazu brauchen sie Zeit.

Was wir Ihnen bis jetzt beschrieben haben ist also eine normale Form der Verarbeitung. Sie sind nicht krank, wenn Sie die oben beschriebenen Anzeichen bei sich beobachten.

Akute Traumafolgestörungen und was kann man dagegen tun?

Akute Belastungsreaktion. Eine akute Belastungsreaktion ist eine vorübergehende Störung von beträchtlichem Schweregrad, die sich als Reaktion auf eine außergewöhnliche körperliche oder seelische Belastung entwickelt, und im Allgemeinen innerhalb von Stunden oder Tagen abklingt.

Die Symptome können sehr verschieden sein. Typischerweise beginnen sie mit einer Art »Betäubung«, einer Art innerer Lähmung mit einer gewissen Bewusstseinseinengung (Konstriktion).

Diesem Zustand kann ein weiterer Rückzug aus der aktuellen Situation folgen, aber auch ein Unruhezustand und Überaktivität. Meist treten Zeichen der vegetativen Übererregung wie panische Angst, Herzrasen, Schweißausbrüche und Zittern auf.

Es kann eine teilweise oder vollständige Amnesie (Erinnerungsverlust) für das Ereignis vorliegen. Nach dem anfänglichen Zustand von Betäubung werden Depression, Angst, Verzweiflung, Überaktivität und Rückzug beobachtet.

Das Risiko für die Entwicklung von Störungen hängt von verschiedenen Faktoren ab. Es ist erhöht bei gleichzeitiger körperlicher Erschöpfung und körperlichen Erkrankungen (v. a. im höheren Alter).

Bewältigungsmechanismen. Schützend wirken Bewältigungsmechanismen (Coping-Strategien), wenn sie verfügbar sind. Dazu gehören soziale Unterstützung und persönliche Ressourcen, wie z. B. die Fähigkeit, sich Hilfe zu holen. Zuerst muss gewährleistet sein, dass sich die/der Betroffene äußerlich in Sicherheit befindet, d. h. die reale Bedrohung nicht weiter besteht.

Körperliche und seelische Stabilisierung. Nach dem akuten Ereignis geht es um die körperliche und seelische Stabilisierung. Körperlich heißt, für genügend Schlaf und Entlastung zu sorgen, sich ausgewogen zu ernähren und schädliche Substanzen (z. B. Alkohol, Drogen, aber auch vermehrten Kaffee- und/oder Nikotinkonsum) zu vermeiden. Unter Umständen kann auch eine medikamentöse Unterstützung sinnvoll sein, um eine anhaltende Stressreaktion zu verhindern. Seelische Stabilisierung beinhaltet die Möglichkeit, über das Erlebte zu sprechen und die Geschehnisse in einen Gesamtzusammenhang einzuordnen (Was ist passiert? Was habe ich gefühlt? Was habe ich gedacht? Wie habe ich reagiert?). Ziel ist die Orientierung im Hier und Jetzt mit der Gewissheit, dass es vorbei ist.

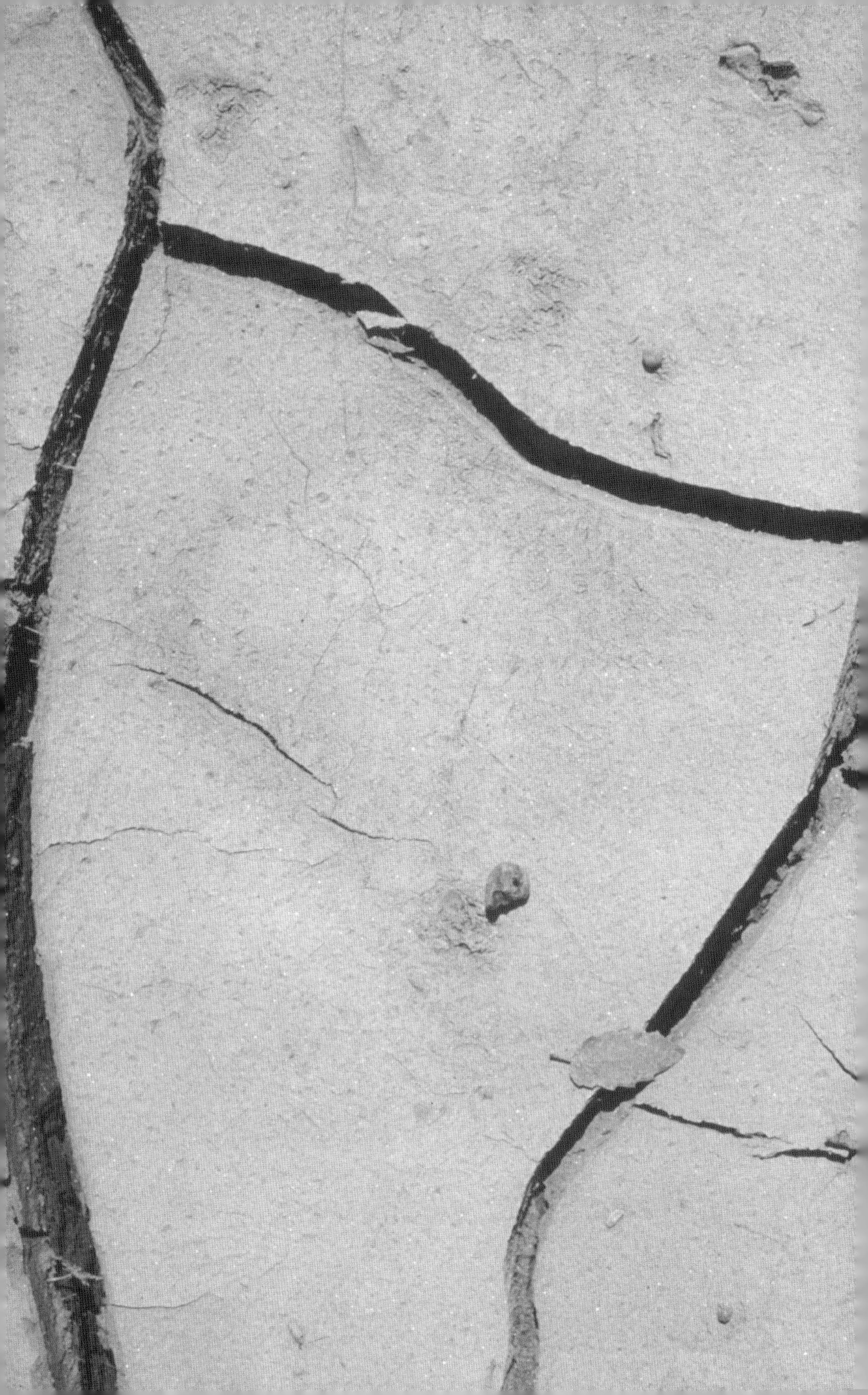

Traumafolgestörungen

Wenn die Traumaverarbeitung nicht gelingt, können Folgen für Körper und Seele auftreten. Welche es gibt und wie Sie diese erkennen, lesen Sie hier.

Posttraumatische Belastungsstörungen

Was aber, wenn die Verarbeitung innerhalb eines Zeitraumes von im Allgemeinen acht Wochen, manchmal auch bis zu einem halben Jahr, nicht gelingt?

Wenn Sie immer noch unter Intrusionen leiden, immer noch alles vermeiden, was Sie auch nur im Geringsten an das Trauma erinnern könnte, wenn Sie immer noch an die Decke gehen, weil Sie die Fliege an der Wand stört?

Dann leiden Sie wahrscheinlich an einer posttraumatischen Belastungsstörung (Posttraumatic Stress Disorder, abgekürzt PTSD, wir werden diese Abkürzung im Folgenden häufiger verwenden) und Ihr Organismus hat es nicht schaffen können, mit dem Trauma fertig zu werden.

Dafür können Sie nichts. Es ist Schicksal. Niemand kann ganz genau vorhersagen, ob ein Mensch mit einem Trauma von alleine fertig wird oder nicht. Allerdings gibt es einige Schutzfaktoren, die im untenstehenden Kasten kurz skizziert werden. Falls es in Ihrer Macht steht, den einen oder anderen der protektiven Faktoren gezielt herbeizuführen, wäre das eine gute Hilfe.

> **Was macht krank? Was hält gesund?**
>
> Bei der Traumabewältigung unterscheidet man verschiedene Phasen. So gehen bei einem gelingenden Prozess die Phasen des Aufschreis, der Verleugnung und der wiederkehrenden Erinnerungszustände über in die Phasen des Durcharbeitens und der Integration, d. h. der Einordnung des Erlebten in einen Gesamtzusammenhang. Symptome einer posttraumatischen Belastungsstörung entstehen aus einer Intensivierung und Verlängerung bzw. Blockade des natürlichen Ablaufes.
>
> Schutzfaktoren sind die persönlichen Widerstandskräfte und das Ausmaß der verfügbaren sozialen Unterstützung. Therapie versteht sich als Unterstützung des natürlichen Verarbeitungsprozesses. Die traumatische Erfahrung verletzt wesentliche Grundüberzeugungen zur eigenen Person und zur Verlässlichkeit und Sicherheit der Welt.
>
> Im ungünstigen Fall entsteht aus der angstvollen und traumatischen Erfahrung in der Vergangenheit eine unsichere und ängstlich bestimmte Erwartung für Zukünftiges.

Im günstigen Fall kann man angesichts einer akuten Belastung auf Bewältigungsfaktoren aus der Vergangenheit zurückgreifen und persönliche Ressourcen mobilisieren. Dazu gehört eine hohe Selbstwirksamkeit. Wer sich selbst und sein Leben als verstehbar, kontrollierbar und sinnhaft wahrnimmt, kann eine traumatische Belastung eher verarbeiten und einordnen. Neben der Verfügbarkeit sozialer Unterstützung spielt die Fähigkeit, nicht vermeidend, sondern aktiv Belastungen entgegenzutreten und sich mitteilen zu können eine wesentliche Rolle. Das Prinzip der persönlichen Ressourcenaktivierung bzw. ihre therapeutische Mobilisierung entspricht einem gesundheitsförderlichen Denken. Die Möglichkeit, sich über das Erlebte mitzuteilen, kann als wirksamer Schutz im Traumatisierungsprozess verstanden werden.

In der akuten Situation geht es um entsprechenden Reizschutz. So weiß man, dass beispielsweise Kinder mit schweren Verbrennungsverletzungen, die in der Akutversorgung eine hohe Schmerzmedikation erhielten, in der Folge weniger PTSD-Symptome entwickelten als vergleichbar schwer verletzte Patienten mit geringerer Dosis. Denn der Zustand eines nicht beherrschbaren Schmerzes selbst kann als Situation von Hilflosigkeit und Kontrollverlust erlebt und damit zum traumatisch relevanten Auslöser werden.

Die individuelle posttraumatische Reaktion kann nur teilweise durch eine objektivierbare Traumaschwere verstanden werden. Ausschlaggebend sind vielmehr die subjektive Überforderung durch das traumatische Ereignis, seine Unerwartetheit und der damit verbundene Kontrollverlust.

Die offizielle wissenschaftliche Definition

Diese findet sich im ICD-10, dem internationalen Diagnosemanual, nach dem Fachleute Diagnosen erstellen. Hier wird die posttraumatische Belastungsstörung verstanden als eine verzögerte oder protrahierte (d. h. verlangsamte) Reaktion auf ein belastendes Ereignis oder eine Situation außergewöhnlicher Bedrohung oder katastrophenartigen Ausmaßes (kurz oder lang anhaltend), die bei fast jedem eine tiefe Verstörung hervorrufen würde. »Bei fast jedem« ist eine problematische Einschränkung, die den Gedanken nahe legt, es könne Menschen geben, die praktisch mit allem fertig werden, was bezweifelt werden darf.

Im ICD-10 werden dann die Ereignisse genannt, nämlich Naturereignisse oder von Menschen verursachte Katastrophen wie eine Kampfhandlung, ein schwerer Unfall oder die Tatsache, Zeuge des gewaltsamen Todes anderer oder selbst Opfer von Folterung, Terrorismus, Vergewaltigung oder anderer Verbrechen zu sein. Leider nicht genannt werden sämtliche Gewalttaten an Kindern, die erwiesenermaßen zu posttraumatischer Belastungsstörung oder anderen seelischen Schädigungen führen können.

> **! Wichtig**
>
> Unsere klinische Erfahrung mit etwa 200 Patientinnen und Patienten mit posttraumatischen Störungen, die wir pro Jahr in unserer Klinik behandeln, also über die Jahre mehrere Tausend, zeigen, dass fast alle einmal im Leben selbstmordgefährdet waren und fast alle irgendwann einmal Substanzmissbrauch betrieben haben. Selbsttötungstendenzen bei Kindern gelten geradezu als ein Hinweis auf traumatische Ereignisse.

Laut Diagnosemanual kommt es gewöhnlich zu einem Zustand vegetativer Übererregbarkeit mit Vigilanzsteigerung (d. h. Erhöhung der Anspannung) und einer übermäßigen Schreckhaftigkeit. Drogeneinnahme und Alkoholkonsum können als komplizierende Faktoren hinzukommen.

Im ICD-10 wird davon ausgegangen, dass die Störung selten später als nach einer Latenz von maximal sechs Monaten auftritt. Dies entspricht nicht der klinischen Wirklichkeit. Dort finden sich zum Teil jahre- und jahrzehntelange Zeiträume, in denen alles in Ordnung erschien. Und doch entwickeln manche Menschen nach Jahrzehnten eine PTSD. So hat Judith Herman – eine amerikanische Psychiaterin – in ihrem empfehlenswerten Buch »Die Narben der Gewalt« den Begriff der komplexen posttraumatischen Störung vorgeschlagen, der zum Ausdruck bringt, dass es über die eher akute oder »einfache« posttraumatische Störung hinaus Störungsbilder gibt, die sehr viel komplexer ablaufen.

Fachleute sprechen dann von »Disorder of Extreme Stress, Not Otherwise Specified«, zu Deutsch, Störungen durch extremen Stress, die nicht anders spezifiziert sind. Wir haben sie auf S. 52 beschrieben, weil das Konzept dieser Störung in Deutschland noch wenig bekannt ist, es unserer Meinung nach aber sehr nützlich ist. Man nennt diese Störung unter Fachleuten auch »komplexe posttraumatische Belastungsstörung«.

Wie kann man die PTSD einordnen?

Teilweise rechnet man sie zu den Angststörungen, teilweise wird sie als eine so genannte psychoreaktive Störung, d. h. also als eine Reaktion auf schwere Belastungen verstanden.

Wahrscheinlich trifft beides gemeinsam annähernd den Kern der Sache, denn eine traumatische Erfahrung versetzt uns über lange Zeit in Angst und Schrecken, sogar, wenn das Trauma längst vorbei ist, geht es damit weiter, und wir reagieren darauf auf verschiedene Weise: So können viele andere Störungen auch eine Reaktion auf traumatische Erfahrungen sein.

Typische Problembereiche, die bei vielen Menschen mit PTSD zu beobachten sind:

Etwa 80% der Patienten mit einer posttraumatischen Belastungsstörung hatten mindestens eine weitere psychiatrische Diagnose. Etliche Symptome der PTSD überlappen sich mit denen bei Angststörungen und depressiven Erkrankungen (z. B. Interesseverlust, Schlaf- und Konzentrationsstörungen, Reizbarkeit und Schreckhaftigkeit; siehe auch S. 52 ff., S. 58 ff.).

Wichtige Krankheitsbilder im Zusammenhang mit PTSD sind (siehe auch S. 52 ff., S. 58 ff.):

- Angststörungen
- depressive Störungen
- Somatisierung, also ein vorwiegend im Körper sich abspielender Prozess, der aber auf das Trauma zurück zu führen ist, und bei dem man keine hinreichenden Organerkrankungen findet
- dissoziative Störungen
- Suchterkrankungen
- körperliche Leiden infolge von traumareaktiven Symptombildungen werden selten erkannt, neuerdings weiß man, dass sogar Herz-Kreislauf-Erkrankungen mit verursacht sein können durch traumatische Erfahrungen.

- Heute geht man auch davon aus, dass viele so genannte Persönlichkeitsstörungen, wie die Borderline-Störung, eine Reaktion auf schwere frühe Traumata sind.

Borderline-Persönlichkeitsstörung

PatientInnen mit einer Borderline-Persönlichkeitsstörung (siehe auch S. 60 ff.) weisen die höchste Rate von Traumatisierungen auf, die höchste Rate an PTSD und das jüngste Lebensalter bei der Einwirkung des ersten Traumas. Die emotionale Instabilität mit der Neigung zu Wutausbrüchen und depressiven Einbrüchen ist in vieler Hinsicht mit der Symptomatik nach schweren und lang anhaltenden Traumatisierungen identisch.

Insgesamt kommt die PTSD gemeinsam mit anderen Störungen häufig vor und häufiger als allein.

Entwicklung einer PTSD nach spezifischen Traumata

Körperliche Erkrankungen und medizinische Behandlung: Posttraumatische Belastungsstörungen scheinen in der Folge organischer Erkrankungen weit verbreitet zu sein. In verschiedenen Studien wurde bei 5–20 % der Krebserkrankten eine PTSD beobachtet. Nach Fehlgeburten fand sich bei 7 % der Frauen eine PTSD.

Traumatisierung von Helfern: Professionelle Helfer werden durch direkte Traumaexposition (z. B. Polizisten, Feuerwehrleute, Rettungsdienstpersonal) oder durch sekundäre Traumaexposition (z. B. Therapeuten in Trauma-Behandlungszentren) erheblich belastet. Eine posttraumatische Belastungsstörung entwickelt sich bei 5–21 % der Feuerwehrleute, bei 10–20 % der Rettungsassistenten und bei 5–7 % der Polizisten. Hinzu kommen die wesentlich häufigeren Störungsbilder, die nicht die Kriterien einer PTSD erfüllen, klinisch aber bedeutsam sind.

Symptome der PTSD

Im Wesentlichen handelt es sich dabei um ein Bestehenbleiben der zuvor unter dem Aspekt der Traumaverarbeitung beschriebenen Mechanismen, d. h. es findet weiterhin eine starke Auseinandersetzung mit dem Trauma statt durch Albträume, Flashbacks, also Erinnerungen, die überwältigend und höchst beunruhigend sind, teils als Gefühle, teils als Körpererinnerungen oder Erinnerungsfetzen. Andererseits kann auch ein verstärktes »Dichtmachen« beobachtet werden, Menschen vermeiden alles, was sie irgendwie an das Trauma erinnern könnte, manche fühlen sich regelrecht als Zombies, weil sie nichts mehr zu fühlen scheinen.

Dazu kommt eine vegetative Übererregung, die sich z. B. durch vermehrtes Schwitzen, Unruhe, Schlafstörungen zeigen kann. Und schließlich eine erhöhte Reizbarkeit und Schwierigkeiten in der Affektregulation. Es stört einen die Fliege an der Wand, man weiß es vielleicht sogar und kann doch nichts dagegen tun.

Leider wissen auch viele Fachleute nicht, dass ein einmaliges Trauma Symptome auslösen kann, die einer schweren neurotischen Störung oder sogar einer Persönlichkeitsstörung gleichen können.

Peter musste die Diagnose PTSD selbst stellen

Peter ist von Beruf Fernfahrer. Er hat bis zu seinem 35. Lebensjahr ein unauffälliges Leben geführt und nach eigenen Angaben keine nennenswerten Probleme gehabt. Dann wurde er in einen schweren Verkehrsunfall verwickelt, an dem er nicht schuld war, bei dem aber mehrere Menschen ums Leben kamen. Er trug mehrere schwere körperliche Verletzungen davon, die er aber zunächst gar nicht bemerkte, während er sich um die Rettung von einigen anderen bemühte. Erst zu einem späteren Zeitpunkt bemerkten die Sanitäter, dass auch er verletzt war und brachten ihn in die Notaufnahme des nächstgelegenen Krankenhauses. Dort wurde er versorgt und anschließend drängte er auf Entlassung. Über die Tage danach weiß Peter fast nichts mehr. Er saß einfach zu Hause herum, meint er. Danach bedrängten ihn die Schreckensbilder des Unfalls bei Tag und bei Nacht. Er entwickelte massive Schlafstörungen und eine extreme Schreckhaftigkeit. Auch zog er sich immer mehr von seiner Umgebung zurück, obwohl er zuvor ein geselliger Mensch gewesen war. Zunächst schrieb ihn sein Hausarzt krank, nach vier Wochen bemerkte man eine Schwellung des Knies und er musste erneut chirurgisch versorgt werden. Im Krankenhaus fiel seine Gereiztheit auf. Er wurde in eine psychosomatische Kurklinik geschickt. Dort hatte Peter mit vielen Mitpatienten Streit und

> ging nach vier Wochen unzufrieden und verbittert nach Hause. Anschließend begann er zu trinken. Sozial zog er sich immer mehr zurück.
>
> Bis zu diesem Zeitpunkt hatte noch niemand seiner Betreuer einen Zusammenhang zwischen dem Unfall und seinem Verhalten im Sinne einer posttraumatischen Belastungsstörung hergestellt, vielmehr war in der psychosomatischen Klinik eine angstneurotische Störung diagnostiziert worden. Der Patient selbst stellte dann die Diagnose posttraumatische Belastungsstörung, als er im Radio eine Sendung über Eschede-Opfer hörte und fand, das sei bei ihm doch ganz genauso.

Ein Drittel der akut traumatisierten Menschen gehört zu einer »Hochrisikogruppe« oder zur DESNOS-Gruppe (Disorder of extreme stressnat otherwise specified), auch komplexe PTSD genannt.

Die einfache posttraumatische Belastungsstörung ist selten – etwa 20 Prozent aller Patienten, bei denen man eine PTSD diagnostiziert, leiden »nur« an dieser einfachen Form. Häufiger ist die komplexe posttraumatische Belastungsstörung, die so gut wie immer gemeinsam mit anderen Erkrankungen auftritt (Komorbidität). Häufig wird deshalb die posttraumatische Belastungsstörung nicht erkannt. Auch deshalb, weil viele Ärzte und Psychologen über Traumafolgeerkankungen nicht gut informiert sind.

PTSD und Folgestörungen

Gewöhnlich tritt bei der posttraumatischen Belastungsstörung ein Zustand vegetativer Übererregbarkeit als Zeichen der anhaltenden Stress- und Alarmreaktion auf. Dazu gehören Schlafstörungen, Überwachsamkeit, Schreckhaftigkeit, Reizbarkeit und Konzentrationsstörungen. Neben dem inneren Wiedererleben traumatischer Situationen, dem Vermeidungsverhalten und der anhaltenden Übererregung kommt es häufig zu Symptomen wie Ängsten, Depression, Schmerzen, Zwängen, Essstörungen oder süchtigem Verhalten. Der Missbrauch von Alkohol, Drogen oder Medikamenten ist im Sinne einer Selbstmedikation zu sehen mit der Funktion, sich vor überwältigenden Gefühlen der Angst, Ohnmacht und Hilflosigkeit zu schützen.

Alle genannten Symptome können sich zu eigenständigen Störungen entwickeln, die zu weiteren Einschränkungen führen und den Leidensdruck vergrößern.

Angst- und Panikstörungen. Diese führen zu einer massiven Einschränkung des Aktionsradius. Das damit einhergehende Vermeidungsverhalten hat die Funktion, sich vor allen möglichen Gefahren zu schützen. Bei der generalisierten Angststörung werden auch viele alltägliche Situationen zur Angstquelle, das Erregungsniveau ist ständig erhöht.

Depression. Depression ist oft eine Folge des massiven Rückzuges und der ständigen Angst. Damit einhergehende Gefühle von Niedergedrücktheit bis zu Dumpfheit und Gleichgültigkeit sind oft Ausdruck einer massiven Trauer, die aber nicht zugelassen werden kann.

Schmerzen. In Folge der anhaltenden Stressreaktion mit der Unfähigkeit zur Entspannung treten oft Schmerzen auf. Chronische Verspannungen verursachen Kopf- und Rückenschmerzen. Durch entsprechende Schonhaltung schränkt sich der Bewegungsradius weiter ein. Schmerzstörungen betreffen häufig auch den Magen-Darm-Trakt oder das Herz. Engegefühl und Brustschmerzen können zu einer so genannten Herzphobie führen mit der ständigen Angst vor einem Herzinfarkt.

Zwangsstörungen. Zwänge sind oft Ausdruck eines verstärkten Kontrollbedürfnisses. Sie sind als Versuch zu werten, mit dem Trauma verbundene Gefühle von Kontrollverlust zu kompensieren. Zwangsstörungen haben die Funktion, kurzfristig Ängste zu reduzieren, langfristig schränken sie die Entscheidungsfreiheit und die Lebensqualität massiv ein.

Essstörungen. Diese können sich in gegensätzlicher Richtung entwickeln. Die Magersucht (Anorexia nervosa) kann Folge eines Appetitverlustes oder eines ständigen Ekelgefühls sein. Sie kann auch Ausdruck unterdrückter Aggressionen sein, die gegen die eigene Person gerichtet werden. Bei starkem Untergewicht werden körpereigene Opiate (Endorphine) freigesetzt, die die Schmerzwahrnehmung reduzieren. Sexuelle Störungen vermindern sexuelle Bedürfnisse, was auch eine Schutzfunktion haben kann. Die Ess-Brech-Sucht (Bulimia nervosa) kann ebenfalls Ventilfunktion haben. Kurzfristig beruhigt Essen und befriedigt Bedürfnisse, das anschließende Erbrechen soll Gewichtszunahme verhindern und kann Aggressionen oder Schuldgefühle kanalisieren. Die Esssucht mit Heißhungerattacken und unkontrolliertem Essen hat eine vergleichbare Funktion. Langfristig führen Essstörungen zu weiterer Selbstabwertung und destabilisieren körperlich.

Dissoziative Störungen

Wie steht es um Ihre Aufmerksamkeit? Kommt es vor, dass Sie immer wieder »gar nicht richtig da« sind? Haben Ihnen andere Menschen vielleicht schon die Rückmeldung gegeben, dass Sie häufiger wie »weggetreten« wirken? Hat man Ihnen schon einmal gesagt, dass Sie wie durch einen hindurch zu schauen scheinen, dass Ihr Blick sich verliert, dass der andere Mensch sie gar nicht mehr erreichen kann? Diesen Mechanismus nennt man Dissoziation, er wirkt sich in einer Beziehung wie der Abbruch des Kontaktes aus. Für den Menschen, der das so macht, ist es ein Schutz, nämlich der Versuch, eine ihm unerträglich erscheinende Situation zu verlassen. Für Menschen, die traumatisiert wurden, vor allen Dingen, wenn sie schwer traumatisiert worden sind, kann jede Kontaktaufnahme zu einem anderen Menschen wie eine Bedrohung erlebt werden und deshalb verschwinden sie sozusagen aus dem Kontakt, wenn andere irgend etwas tun, das sie als stressig empfinden.

Das bedeutet, Dinge, die Sie als Stress erleben, sollten Sie besser unterlassen. Prüfen Sie genau, mit wem sie sich wohl und mit wem Sie sich unwohl fühlen.

Ist es Ihnen schon einmal aufgefallen, dass Sie unter Gedächtnislücken leiden? Wissen Sie immer mal wieder nicht, was eigentlich in den letzten Minuten, Stunden, Tagen vor sich gegangen ist? Vielleicht haben Sie sich angewöhnt, das gut zu überspielen, so dass es in Ihrer Umgebung kaum jemand merkt.

Sind sie manchmal in seltsamen Zuständen, in denen Sie sich wie erstarrt fühlen? Oder ganz weit weg von sich selbst. Alles ist wie im Kino und es ist, als würde der Film gar nichts mit Ihnen zu tun haben?

Ärzte sprechen von dissoziativen Störungen, wenn Menschen sich sehr häufig dissoziativ verhalten und von dissoziativem Verhalten, wenn es nur gelegentlich und ggf. im Rahmen anderer Erkrankungen vorkommt.

Der Verdacht auf eine dissoziative Störung oder auf dissoziatives Verhalten ist ein ziemlich sicherer Hinweis, dass hier eine Traumafolgestörung vorliegt. Nur relativ selten hat es andere als traumatische Ursachen.

Was ist Dissoziation?

»Dissoziation« heißt Abspaltung im Gegensatz zu Assoziation (Verbindung, Verknüpfung). Die Dissoziation kann unterschiedliche Bewusstseinsbereiche betreffen (siehe auch S. 62 ff.): Wird Erinnerung abgespalten, so spricht man von Amnesie (Erinnerungs-/Gedächtnisverlust). Wird die Selbstwahrnehmung abgespalten, so spricht man von Depersonalisation. Charakteristisch sind Entfremdungserlebnisse gegenüber der eigenen Person oder dem eigenen Körper. Verändert sich die Fremdwahrnehmung, d. h. die Wahrnehmung der Umgebung und anderer Menschen, so spricht man von Derealisation. Bei Unsicherheiten in Bezug auf die eigene Identität gibt es unterschiedlich starke Ausprägungen von der Identitätsverwirrung bis zur Identitätsänderung.

Dissoziation ist zunächst eine Fähigkeit, die das Überleben sichert. Traumatisches Erleben wird abgespalten, um sich z. B. vor massiven Gefühlen wie Todesangst oder vor unerträglichen Schmerzen zu schützen.

Jeder kennt leichte Formen der Dissoziation

Dazu gehören z. B. das Tagträumen oder eine gewisse Desorientiertheit kurz vor dem Einschlafen oder kurz nach dem Aufwachen. In Belastungssituationen kennen viele das Gefühl, äußerlich zu funktionieren, sich selbst aber weniger zu spüren. Manche beobachten sich auch selbst, z. B. bei Reden vor einem Publikum, was der Distanzierung dient und vor zu großer Aufregung schützen kann.

Das natürliche Vorkommen von Dissoziation ist in der Regel steuerbar und im Alltag eher hilfreich. Kinder können noch besonders gut dissoziieren. Sie bekommen einen »Tunnelblick«, wirken ganz versunken wie in einer anderen Welt und sind eine Weile kaum ansprechbar. Dieses Phänomen tritt besonders bei Müdigkeit auf.

Wann wird Dissoziation zur Störung?

Bei frühen und lang anhaltenden wiederholten Traumatisierungen nutzen Kinder die Fähigkeit zur Dissoziation als Überlebensstrategie. Sie ist vergleichbar mit der Erstarrung oder dem »Einfrieren« im Tierreich, wenn Kampf oder Flucht nicht möglich sind. Die Fähigkeit zur Dissoziation wird zur Störung, wenn sie nicht mehr kontrollierbar ist. Auslöser (»Trigger«) für dissoziatives Verhalten kann alles sein, was Erinnerungen an vorausgegangene Traumata hervorruft. Das können ganz alltägliche Dinge sein, z. B. Gerüche, Farben, Formen, Geräusche oder Berührungen. Meist ist der Zusammenhang nicht bewusst, die konkrete Erinnerung kann sogar völlig fehlen (vgl. »hippocampale Amnesie«, S. 33).

> **Vertiefende Information**

Wie werden Traumafolgestörungen diagnostiziert?

Infolge und als Reaktion auf ein traumatisches Ereignis können verschiedene Störungen auftreten. Da die Abgrenzung der einzelnen Krankheitsbilder auch für Fachleute oft schwierig ist und die Übergänge teilweise fließend sind, könnte es für Sie interessant sein, auf den nächsten Seiten nachzulesen, wie die genauen medizinischen Definitionen und Erklärungen der möglichen Traumafolgestörungen lauten.

Im Anschluss gehen wir dann insbesondere auf die Gemeinsamkeiten und Unterschiede von dissoziativen Störungen und Borderline-Störungen ein.

Posttraumatische Belastungsstörungen (PTSD)

Kriterien für eine einfache PTSD

Eine posttraumatische Belastungsreaktion kann unmittelbar nach einem traumatischen Ereignis oder um Wochen oder Monaten verzögert einsetzen. Rund ein Viertel der Menschen, die ein außergewöhnlich bedrohliches Ereignis erleben mussten, entwickeln eine posttraumatische Belastungsstörung.

Charakteristisch sind die drei folgenden Kriterien:

Wiedererleben. Wiedererleben in Form von Flashbacks (Nachhallerlebnisse). Diese angstbesetzten Erinnerungszustände (Intrusionen), die auch in Form von Albträumen auftreten können, lösen oft heftige körperliche Reaktionen aus, als befände man sich wieder in der traumatischen Situation.

Vermeidung. Man vermeidet Situationen, Orte und Menschen, die Erinnerungen an das belastende Ereignis auslösen könnten. Auslöser (»Trigger«) für Flashbacks kann im Prinzip alles sein, was zu Assoziationen (Verknüpfungen) mit traumatischen Erfahrungen führt, z. B. ähnliche Geräusche, Gerüche, ein bestimmter Geschmack, Gefühle (Hilflosigkeit, Ohnmacht) oder auch ein bestimmter körperlicher Zustand (erhöhter Puls und Schwitzen beim Sport). Auslösesituationen sind dem Bewusstsein oft nicht zugänglich, so dass Vermeidungsverhalten nur sehr eingeschränkt vor erneuten Angstreaktionen schützt.

> **Vertiefende Information**

Anhaltende Übererregung. Diese besteht aufgrund einer chronischen Stressreaktion mit dem Gefühl ständiger Bedrohung (»traumatischer Stress«). Symptome sind Unruhe, Überwachsamkeit, Schreckhaftigkeit, Schlafstörungen, Erschöpfung und mangelnde Belastbarkeit.

Akute, umschriebene Ereignisse führen eher zur einfachen PTSD, während wiederholte und anhaltende traumatische Erfahrungen häufiger auch andere Störungen zur Folge haben.

Zusätzliche Kriterien für eine komplexe PTSD
Die komplexe posttraumatische Belastungsstörung umfasst zusätzlich Störungen in folgenden Bereichen:

Störungen der Affektregulation. Diese äußern sich in Schwierigkeiten, Gefühle wahrzunehmen, zu unterscheiden und angemessen zum Ausdruck zu bringen:

- Wie fühlt sich Angst, Wut oder Trauer an?
- Wo im Körper nehme ich diese Gefühle wahr?
- Überdeckt die Angst alle anderen Gefühle?
- Kontrollieren die Gefühle mich oder kann ich Einfluss auf meine Gefühle nehmen?

Die mangelnde Steuerungsfähigkeit kann sich in selbstschädigendem Verhalten (z. B. Selbstverletzungen, Suizidversuche, riskantes Sexualverhalten) zeigen. Impulsivität und starke Stimmungsschwankungen kennzeichnen Borderline-Persönlichkeitsstörungen und dissoziative Störungen.

Aufmerksamkeitsstörungen. Störungen der Aufmerksamkeit und des Bewusstseins äußern sich in Erinnerungslücken (Amnesien) und dissoziativem Verhalten.

Somatisierung. Diese äußert sich in körperlichen Beschwerden, z. B. Schmerzstörungen.

Persönlichkeitsveränderungen. Chronische Persönlichkeitsveränderungen äußern sich in einer veränderten Selbstwahrnehmung (z. B. chronische Schuldgefühle, Gefühle von Ohnmacht und Hilflosigkeit), in einer verzerrten Wahrnehmung des Schädigers (z. B. Idealisierung) und in einer Veränderung der Beziehung zu anderen Menschen (Unfähigkeit zu vertrauen und Beziehungen mit anderen aufrechtzuerhal-

> **Vertiefende Information**

ten, die Tendenz, erneut Opfer zu werden oder andere zum Opfer zu machen).

Veränderungen in Bedeutungssystemen. Diese äußern sich in Gefühlen von Verzweiflung und Hoffnungslosigkeit und im Verlust der bisherigen Lebensüberzeugungen. Das bisherige Weltbild bricht zusammen, nichts ist mehr, wie es vorher war.

Faktoren bei der Bearbeitung des Traumas
Es gibt verschiedene Faktoren, die sich darauf auswirken, wie gut Sie das erlittene Trauma verarbeiten können:

- Wie belastend habe ich das traumatische Ereignis erlebt?
- Welche Möglichkeiten der Bewältigung und der sozialen Unterstützung stehen mir zur Verfügung?
- Wie ging es mir vor dem traumatischen Ereignis?
- Wie sind die Bedingungen nach dem traumatischen Ereignis?

Risikofaktoren für die Entwicklung einer PTSD
Etwa ein Drittel der von einem traumatischen Ereignis betroffenen Personen entwickelt das Vollbild einer posttraumatischen Belastungsstörung (am häufigsten im Zusammenhang mit Vergewaltigungen). Bei etwa einem Drittel bis zur Hälfte der Personen mit den Symptomen einer posttraumatischen Belastungsstörung kommt es zu einer langjährigen Chronifizierung.

Objektive Risikofaktoren:
- Art, Intensität und Dauer des traumatischen Ereignisses
- wiederholtes Ausgesetztsein
- Ausmaß der körperlichen Verletzung
- durch Menschen verursachte Traumatisierung
- das absichtliche Herbeiführen des Ereignisses durch die verursachenden Personen
- der erlittene Verlust ist nicht wieder gut zu machen
- Höhe der materiellen Schädigung
- ständiges Erinnertwerden an das Geschehen durch viele Auslöser

Subjektive Risikofaktoren
- unerwartetes Eintreten des traumatischen Ereignisses
- wenig Einflussmöglichkeiten auf das Geschehen

> **Vertiefende Information**

- Erleben von Schuld
- Ausbleiben fremder Hilfe.

Individuelle Risikofaktoren
- jugendliches oder hohes Lebensalter
- Zugehörigkeit zu einer sozialen Randgruppe
- niedriger sozioökonomischer Status
- mangelnde soziale Unterstützung
- seelische oder körperliche Vorerkrankungen
- familiäre Vorbelastung mit traumatischen Erfahrungen.

Weitere Störungsbilder

Viele PatientInnen haben im Verlauf mehrerer Therapien die Erfahrung gemacht, dass ihre Beschwerden unterschiedlich eingeordnet wurden und sie eine Reihe von verschiedenen Diagnosen erhalten haben. Die Bandbreite an gestellten Diagnosen umfasst psychiatrische Erkrankungen wie Schizophrenie, Depression, Angst- und Zwangsstörungen, Somatisierungsstörungen, Essstörungen und Substanzmissbrauch. Darüber hinaus Persönlichkeitsstörungen wie die Borderline-Störung.

Tatsächlich ist die Komorbidität, d.h. das gleichzeitige Vorkommen verschiedener Erkrankungen, bei posttraumatischen Belastungsstörungen und dissoziativen Störungen hoch. Die Diskussion über die Zusammenhänge und Abgrenzungsmöglichkeiten, insbesondere bezüglich der Diagnosen posttraumatische Belastungsstörung, dissoziative Störungen und Borderline-Störungen ist bei weitem nicht abgeschlossen. Zur besseren Einordnung der Definition der einzelnen Störungsbilder erfolgt ein Überblick:

Kriterien für eine Borderline-Störung
Für die emotional instabile Persönlichkeitsstörung vom Borderline-Typus (Borderline-Störung) gelten folgende diagnostische Kriterien, wobei von den neun im Folgenden aufgeführten mindestens fünf Kriterien erfüllt sein müssen:

1. Ein Muster von instabilen, aber intensiven zwischenmenschlichen Beziehungen, das sich durch einen Wechsel zwischen den beiden Extremen der Überidealisierung und Abwertung auszeichnet.

Vertiefende Information

2. Impulsivität bei mindestens zwei potenziell selbst schädigenden Aktivitäten (z.B. Geldausgeben, Sexualität, Substanzmissbrauch, Ladendiebstahl, rücksichtsloses Fahren, Fressanfälle – außer Suizidversuch oder Selbstverstümmelung).
3. Instabilität im affektiven Bereich: Ausgeprägte Stimmungsschwankungen (Depression, Reizbarkeit oder Angst), wobei diese Zustände gewöhnlich ein paar Stunden, seltener länger als einige Tage andauern.
4. Übermäßige, starke Wut oder Unfähigkeit, Wut zu kontrollieren (z.B. häufige Wutausbrüche, andauernde Wut oder wiederholte Prügeleien).
5. Wiederholte Suiziddrohungen, -andeutungen oder -versuche oder selbst verstümmelnde Verhaltensweisen.
6. Ausgeprägte und andauernde Identitätsstörung, die sich in Form von Unsicherheit in mindestens zwei der folgenden Lebensbereiche zeigt: Dem Selbstbild, der sexuellen Orientierung, den langfristigen Zielen oder Berufswünschen, in der Art der Freunde oder Partner oder in den persönlichen Wertvorstellungen.
7. Chronisches Gefühl der Leere oder Langeweile.
8. Verzweifeltes Bemühen, ein reales oder imaginäres Alleinsein zu verhindern (Unfähigkeit, allein zu sein).
9. Vorübergehende, durch Belastungen ausgelöste wahnhafte Vorstellungen oder schwere dissoziative Symptome.

Kriterien für eine dissoziative Störung

Dissoziative Störungen werden von dissoziativen Symptomen abgegrenzt, die im Rahmen anderer psychischer Erkrankungen auftreten, z.B. bei der posttraumatischen Belastungsstörung oder der Borderline-Persönlichkeitsstörung oder auch durch eine körperliche Fehlfunktion bzw. Krankheit bedingt sein können.

Zu den dissoziativen Phänomenen zählt man:

- Gedächtnisprobleme (lückenhaftes Zeiterleben, nicht erinnerbares Verhalten)
- Depersonalisation
- Derealisation
- Flashbacks
- Veränderungen von Bewegungsfunktionen oder Empfindungen ohne körperliche Ursachen
- Trancezustände

Vertiefende Information

- Identitätsunsicherheit
- innere Stimmen
- verschiedene Ich-Zustände/Persönlichkeitsanteile bis hin zum Identitätswechsel.

Der amerikanische Psychiater Dell, der ein Fachmann auf dem Gebiet der dissoziativen Störungen ist, unterscheidet einfache und komplexe dissoziative Störungen.

Einfache dissoziative Störungen (Kriterium A). Hierzu gehören laut Dell Symptome von

- Amnesie (Gedächtnisprobleme, teilweise schwere Amnesien für autobiographisches Material)
- Depersonalisation (Fremdheitsgefühle bzgl. der eigenen Person wie Gefühl des Losgelöstseins oder mangelnde Empfindungsfähigkeit)
- Derealisation (Fremdheitsgefühle bzgl. der Umgebung und anderer Menschen)
- Flashback-Erleben
- Alters-Regression (Zurückfallen auf eine frühere Entwicklungsstufe: man fühlt sich z. B. wieder wie das Kind von früher)
- somatoforme Dissoziation (Störungen der Bewegung und der Sinnesempfindung ohne körperliche Ursache)
- Trancezustände.

Komplexe dissoziative Störungen. Bei den komplexen dissoziativen Störungen ist neben diesen Symptomen das Identitäts- und Selbstempfinden mitbeteiligt. Es liegen zwei oder mehr unterscheidbare Identitäten bzw. Persönlichkeitszustände vor, die wiederholt die Kontrolle über das Verhalten der Person übernehmen. Verschiedene Selbstzustände können entweder als teilabgespalten (Kriterium B) oder als vollabgespalten (Kriterium C) erlebt werden.

Teilabgespaltene Selbstzustände (Kriterium B). Zu Kriterium B (subjektiv erlebte Wahrnehmung als teilabgespaltene Selbstzustände) gehören:

- Hören von Kinderstimmen im Kopf
- innere Dialoge
- zeitweise als nicht zu sich gehörig erlebte Sprache, Gedanken, Gefühle, Verhaltensweisen oder Fähigkeiten
- irritierende Erfahrungen von verändertem Ich-Erleben

> **Vertiefende Information**

- Verunsicherung über das eigene Selbst
- nicht zu sich gehörig erlebte, aber erinnerbare teilabgespaltene Selbst-Zustände, mit denen der Therapeut in Kontakt tritt.

Vollabgespaltene Selbstzustände (Kriterium C). Zu Kriterium C (objektive und subjektive Manifestationen vollständig abgespaltener Selbstzustände) gehören:

- Zeit verlieren
- von anderen beobachtetes Verhalten, an das man sich nicht erinnern kann
- Finden von Sachen im eigenen Besitz, an deren Erwerb man sich nicht erinnern kann
- Finden von (Auf-)Zeichnungen, an deren Anfertigung man sich nicht erinnern kann
- offensichtliche Anzeichen für kürzlich erfolgtes Verhalten, an das man sich nicht erinnern kann
- Entdecken von Selbstverletzungen oder Suizidversuchen, an die man sich nicht erinnern kann.

Diagnosestellung. Finden sich mindestens vier Symptome unter Kriterium A, nicht aber unter B und C, würde man die Diagnose einer einfachen dissoziativen Störung stellen. Werden nur Kriterien A und B erfüllt, handelt es sich um ein Teilbild einer komplexen dissoziativen Störung, das nach den bisher geltenden Kriterien als nicht näher bezeichnete dissoziative Störung diagnostiziert werden würde. Sind alle drei Kriterien A, B und C erfüllt (genauer: vier der sechs A-Kriterien, sechs der 11 B-Kriterien und zwei der sechs C-Kriterien), liegt das Vollbild einer komplexen dissoziativen Störung im Sinne einer dissoziativen Identitätsstörung (frühere Bezeichnung: multiple Persönlichkeitsstörung) vor (vgl. U. Gast, Dissoziative Identitätsstörung S. 34 ff. in »Psychotherapie der dissoziativen Störungen«, Thieme Verlag 2004).

Unterscheidung der Störungsbilder

Ursächliche Zusammenhänge, die eine Unterscheidung der einzelnen Störungen ermöglichen, sind noch nicht ausreichend erforscht. Bisherige Theorien über die Entstehungsbedingungen insbesondere von Borderline-Störungen sind Annahmen; gesicherte Antworten, welche Ursachen zu einer bestimmten Störung führen, gibt es nicht. In der Re-

> **Vertiefende Information**

gel kommen viele Faktoren zusammen, bevor ein Mensch eine Borderline-Störung oder eine dissoziative Störung oder beides entwickelt.

Hintergründe der Borderline-Persönlichkeitsstörung

Bei der Borderline-Störung wird eine Störung der Emotionsregulation als das zentrale Problem angesehen. Es wird angenommen, dass die gestörte Gefühlsregulation durch eine biologische Veranlagung und durch bestimmte Umweltbedingungen sowie deren gegenseitige Beeinflussungen entsteht. Ungünstige Umweltfaktoren wirken sich auf ein Kind, das von Geburt an emotional übersensitiv und verwundbar ist, besonders schädlich aus. Umgekehrt kann ein besonders empfindsamer und bedürftiger Mensch in seiner Umgebung auf Ablehnung stoßen. Zahlreiche Untersuchungen haben ergeben, dass ein großer Teil der PatientInnen mit einer Borderline-Störung traumatische Erfahrungen in ihrer Kindheit erlitten haben. Fast die Hälfte der Borderline-PatientInnen erfüllt auch die Kriterien einer posttraumatischen Belastungsstörung. Der Zusammenhang ist jedoch nicht zwangsläufig. Nicht jeder Mensch mit einer Borderline-Störung hat in seiner Kindheit ein Trauma erlitten und umgekehrt können Traumatisierungen auch zu anderen oder auch gar keinen Störungen führen.

Wie lassen sich dissoziative Symptome verstehen?

Dissoziative Symptome wie Amnesien und Identitätsstörungen wurden schon im 19. Jahrhundert beschrieben und mit traumatischen Erlebnissen in Verbindung gebracht. Im Zusammenhang mit der Wiederbelebung der Traumaforschung im 20. Jahrhundert wurde Dissoziation als Überlebensstrategie gesehen. Die Fähigkeit zur Dissoziation, die im Kindesalter noch besonders ausgeprägt ist, wird zur Verarbeitung schwerer traumatischer Erfahrungen im zwischenmenschlichen Bereich genutzt, um eigentlich unerträgliche Situationen überstehen zu können.

Dissoziation als unwillkürliche Reaktion des Menschen in allen Kulturen auf belastende oder traumatische Erfahrungen kann sich verfestigen und zu großen Beeinträchtigungen führen. Auch bei wenig bedrohlichen Alltagssituationen (z. B. Konflikte in sozialen Beziehungen, die Gefühle von Hilflosigkeit, Angst oder Ohnmacht auslösen) antwortet der Organismus mit dissoziativen Reaktionen (z. B. Erstarrung). Eine sozial kompetente Problemlösung (z. B. sich auseinandersetzen, sich wehren, sich Unterstützung holen) ist dann nicht mehr möglich.

> **Vertiefende Information**

Bei den komplexen dissoziativen Störungen (teil- oder vollabgespaltene Selbstzustände) ist nicht nur das Gedächtnis oder die Wahrnehmung, sondern auch das Identitäts- oder Selbstempfinden betroffen. Traumatische Erlebnisse werden auf verschiedene Persönlichkeitsanteile verteilt, für die bei der Dissoziativen Identitätsstörung aufgrund der vollständigen Abspaltung untereinander keine Erinnerung besteht. Die Entwicklung komplexer dissoziativer Störungen erfolgt im Kindesalter als Reaktion auf schwere und anhaltende traumatische Erfahrungen.

Chronisch-komplexe posttraumatische Belastungsstörung
PatientInnen mit schweren dissoziativen Störungen zeigen häufig vielfältige zusätzliche Beeinträchtigungen. Die gemeinsame Symptomatik bei schweren dissoziativen Störungen und Borderline-Störungen kann eine chronifizierte posttraumatische Belastungsstörung sein. Man spricht dann auch von einer chronisch-komplexen posttraumatischen Belastungsstörung.

Starke Stimmungsschwankungen. Eine Gemeinsamkeit zwischen komplexen dissoziativen Störungen und Borderline-Störungen sind starke Stimmungsschwankungen, wobei die emotionale Instabilität und starke Impulsivität mit mangelnder Impulskontrolle insbesondere für die Borderline-Störung kennzeichnend sind. Die mangelnde Steuerungsfähigkeit zeigt sich vor allem im Umgang mit Wut. Es kommt zu häufigen unangemessenen Wutanfällen, die zu ständigen Konflikten mit anderen führen.

Selbstschädigendes Verhalten. Dieses ist bei Borderline-PatientInnen ebenfalls Ausdruck der Impulsivität. Selbstverletzungen oder Suiziddrohungen und -versuche sind häufig Reaktionen auf subjektiv erlebte Zurückweisung und Verlassenheitsängste.

Beziehungen. Da Menschen mit einer Borderline-Störung schlecht allein sein können, gehen sie schnell sehr intensive Beziehungen ein, die nach dem Muster Idealisierung einerseits und Abwertung andererseits verlaufen, und deshalb oft von nur kurzer Dauer sind.

Identitätsunsicherheit. Die Identitätsunsicherheit mit einem Gefühl der inneren Leere und Langeweile erklärt die Unfähigkeit, allein zu sein und in Beziehungen die große Angst verlassen zu werden.

> **Vertiefende Information**

Polarisierung der Gefühle. Bei der Borderline-Störung kommt es zu einer Polarisierung der Gefühle mit abruptem Wechsel zwischen den Extremen. Die Spaltung in Gut oder Böse ist ein früher Abwehrmechanismus.

Persönlichkeitsstruktur bei dissoziativen Störungen. Im Gegensatz dazu ist die Persönlichkeitsstruktur bei PatientInnen mit einer komplexen dissoziativen Störung reifer und lässt mehr Nuancen in der Beziehungsgestaltung zu. Sie leiden weniger unter dem Gefühl der inneren Leere als vielmehr unter einem inneren Chaos und ständigen inneren Kämpfen. Die Beziehungsgestaltung ist weniger geprägt von den Extremen zwischen Nähe und Distanz, sondern zeichnet sich eher durch eine misstrauische Grundhaltung aus. Größer als die Angst vor Einsamkeit ist die Angst vor erneuten Verletzungen mit häufigem Vermeidungs- und Rückzugsverhalten.

Das Auftreten von selbst verletzendem Verhalten hat bei PatientInnen mit komplexen dissoziativen Störungen oft die Funktion, einen dissoziativen Zustand zu durchbrechen und sich wieder zu spüren. Selbstverletzungen sind eher schambesetzt und werden verheimlicht, als dass sie demonstrativen Charakter hätten. Die Angst vor Kontrollverlust bezieht sich häufiger auf Erinnerungslücken und wechselnde Persönlichkeitszustände als auf unkontrollierte Wutausbrüche und deren Folgen.

Gemeinsamkeiten und Unterschiede von Borderline-Störungen und dissoziativen Störungen

Unsicherheit im Sozialkontakt. Beiden gemeinsam ist die große Unsicherheit im Sozialkontakt aufgrund der in beiden Fällen bestehenden Identitätsunsicherheit. Bei PatientInnen mit einer dissoziativen Identitätsstörung ist der Wechsel im Selbsterleben viel tief greifender, da sie sich wie verschiedene »Personen« erleben. Bei Borderline-PatientInnen kommen solche massiven Wechsel im Funktionsniveau, im Erinnerungsvermögen und in der Beziehungsgestaltung nicht vor.

Depersonalisation und Trancezustände. PatientInnen mit einer Borderline-Störung leiden häufig auch unter dissoziativen Symptomen. Insbesondere Depersonalisation und Trancezustände treten relativ regelmäßig auf. Aufgrund der Symptomüberlappungen zu dissoziativen Störungen kann eine ausführlichere Diagnostik sinnvoll sein. In Frage-

Vertiefende Information

bögen zur Erfassung von Dissoziation findet man in verschiedenen Untersuchungen erhöhte Werte bei Borderline-Störungen. Da PatientInnen beider Störungsbilder häufig von schweren Traumatisierungen in der Kindheit berichten, liegen Überschneidungen in der Symptomatik nahe.

Abspaltung von Gefühlen. Bei chronischen posttraumatischen Belastungsstörungen mit den Zeichen einer anhaltenden Übererregung können sich auch im Erwachsenenalter Symptome entwickeln, die als Persönlichkeitsänderungen nach Extrembelastung diagnostiziert werden. Die damit verbundene Abspaltung von Gefühlen ist von den dissoziativen Störungen oft nur schwer abzugrenzen.

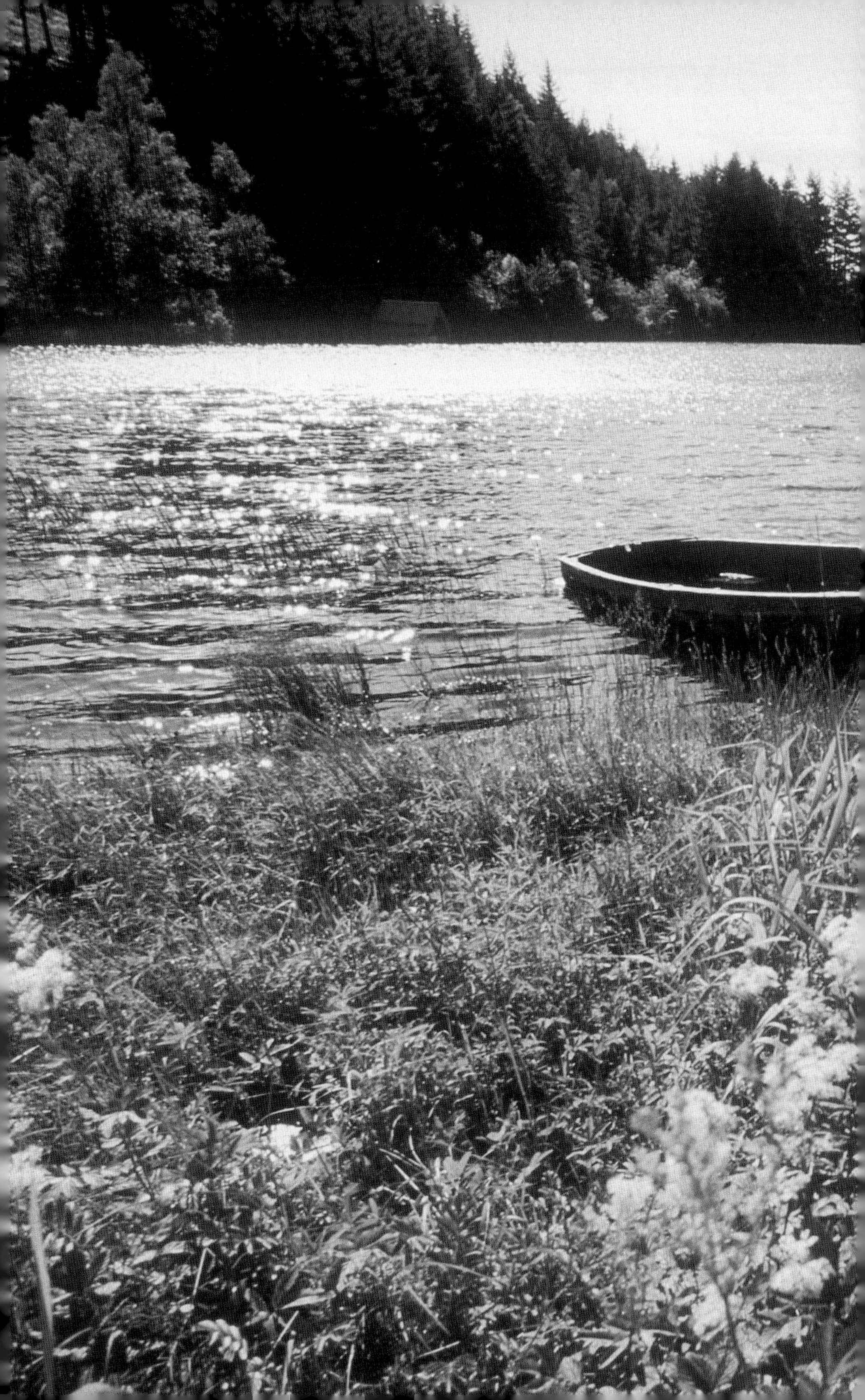

Traumatherapie

In diesem Kapitel lernen Sie die wichtigsten Behandlungsmöglichkeiten von Traumafolgen kennen. Welche Methoden und Verfahren gibt es? Und welche sind für Sie oder Ihre Angehörigen geeignet?

Wie kann man Traumafolgestörungen behandeln?

> **Was ist Psychotherapie?**
>
> Psychotherapie soll Hilfe zur Selbsthilfe sein. Die Eigenverantwortung bleibt bei Ihnen, Sie sollen ExpertIn für sich selbst werden. Ihre TherapeutIn wird Sie mehr durch Fragen als durch fertige Antworten darin unterstützen, Ihre Bedürfnisse besser wahrzunehmen. Selbstfürsorge hat zum Ziel, sich körperlich zu stabilisieren, gesündere Einstellungen zum Leben zu haben und sich besser zu fühlen.
>
> Psychotherapie hat immer zum Ziel, das Wahrnehmen, Erleben und Verhalten flexibler werden zu lassen. Psychische Erkrankung geht häufig einher mit einer Einengung von Wahrnehmungs-, Erlebens- und Verhaltensweisen. Wieder flexibler zu werden, erfordert neben dem Erkennen insbesondere auch das intensive Einüben (und »Automatisieren«) der flexibleren Wahrnehmungs-, Erlebens- und Verhaltensweisen. Um dieses zu erreichen, werden häufig Protokolle und Tagebücher verwendet und therapeutische Aufgaben vereinbart.

Bei der Traumatherapie unterscheiden wir drei Phasen:

Stabilisierungsphase. Die Stabilisierungsphase nimmt häufig den größten Raum ein. Je besser es Ihnen körperlich und seelisch geht, desto eher können Sie es verkraften, sich mit belastenden Lebensereignissen zu beschäftigen.

Traumakonfrontationsphase. Voraussetzung für die Traumakonfrontationsphase ist daher zwingend die Fähigkeit, traumatisches Material steuern und sich selbst beruhigen zu können. Bei geglückter Stabilisierung ist es in den meisten Fällen jedoch nicht notwendig oder sinnvoll, die mit traumatischen Erfahrungen verbundenen Gefühle noch einmal intensiv zu durchleben.

Integrationsphase. Die Integrationsphase als dritte Phase hat zum Ziel, das Erlebte in seine Lebensgeschichte einzuordnen und Sinnfragen zu klären. Hier geht es um eine gegenwarts- und zukunftsbezogene Neuorientierung.

> **! Wichtig**
>
> Wenn festgestellt wird, dass Sie an einer PTSD leiden, werden Sie mit hoher Wahrscheinlichkeit ohne Hilfe nicht gesund. Es wird dann notwendig sein, dass Sie fachkundige Hilfe suchen.

Die einzelnen Verfahren. Zur Traumatherapie stehen verschiedene Verfahren zur Verfügung:

- kognitive Verhaltenstherapie
- EMDR
- psychodynamische Therapien
- Mischformen, d.h. Kombinationen verschiedener Therapien

Diese Therapierichtungen gelten im Wesentlichen auch für Kinder, müssen dann aber entsprechend modifiziert werden und dürfen nur von einem/r hierfür speziell in Kinderpsychotherapie ausgebildeten Therapeuten/in durchgeführt werden.

Wir werden diese Therapieformen weiter unten beschreiben, zunächst wollen wir etwas zur medikamentösen Behandlung sagen, da diese oft als erste Hilfe am Beginn steht.

Medikamentöse Behandlung von Traumafolgestörungen

Psychopharmakotherapie kann helfen, ist aber nur ergänzend zur Psychotherapie sinnvoll. Die alleinige Behandlung mit Psychopharmaka ist nicht ausreichend.

Es besteht eine besondere Suchtgefahr bei PTSD, da einige Beruhigungsmittel wie z.B. Valium und verwandte Substanzen scheinbar – aber nur kurzfristig – helfen. Auch Alkohol und manche Drogen scheinen zu »helfen«. Diese Hilfe ist aber trügerisch, da sich sehr schnell eine Abhängigkeit entwickeln kann. Seien Sie also vorsichtig und nehmen Valium nur drei bis vier Tage, trinken Sie Alkohol nur in Maßen (1 Glas Bier oder Wein). Bewährt haben sich bisher am meisten die so genannten Serotonin-Wiederhaufnahme-Hemmer (SSRI), wie z.B. das Fluctin.

Die Auswahl des Medikaments richtet sich nach den im Vordergrund stehenden Beschwerden. Es folgt eine Medikamentenübersicht über die wichtigsten Substanzklassen und die Schwerpunkte ihrer Anwendung:

Antidepressiva

Depression: Depressive Episoden treten relativ häufig im Zusammenhang mit posttraumatischen Belastungsstörungen, dissoziativen Störungen und Borderline-Störungen auf. Zugrunde liegt eine Störung des Hirnstoffwechsels, die Folge des »traumatischen Stresses« sein kann. Stimmungsstabilisierung und Antriebssteigerung zeigen sich oft erst nach zwei- bis dreiwöchiger regelmäßiger Einnahme des Antidepressivums. Die Anwendungsdauer richtet sich nach der Symptomatik. Zeigt sich nach ca. sechs Wochen nicht der gewünschte Effekt, ist die Umsetzung auf eine andere Wirkstoffklasse möglich. Ist die Stimmung unter der antidepressiven Medikation über mehrere Monate relativ stabil, kann ein Absetzversuch unternommen werden. Dieser sollte wegen der besseren Verträglichkeit ausschleichend erfolgen: Die Dosis wird dabei – individuell abgestimmt – schrittweise reduziert.

Angst- und Zwangsstörungen: Meist dauert es mehrere Wochen, bis die erwünschte Wirkung des Antidepressivums eintritt, die Anwendung in akuten Krisensituationen ist also nicht empfehlenswert. Die wirksame Dosis ist vor allem bei Zwangssymptomen deutlich höher als bei der Depressionsbehandlung.

Schmerzstörungen: Häufiger und starker Schmerz kann zur Entwicklung eines Schmerzgedächtnisses führen. Schmerz wird sozusagen gelernt und entsprechend stärker und anhaltender wahrgenommen. Klassische Schmerzmittel wirken bei dieser Form von Schmerzstörung oft nicht. Die übermäßige Einnahme von Schmerzmitteln kann die Schmerzsymptomatik sogar noch verstärken. Hinzu kommt die Gefahr einer Abhängigkeitsentwicklung. Bewährt haben sich bei anhaltenden somatoformen Störungen trizyklische Antidepressiva (wie z. B. Amitriptylin) in niedriger Dosierung. Anders als klassische Schmerzmittel beeinflussen diese die Schmerzwahrnehmung, der zuvor anhaltende Schmerz wird längerfristig wieder verlernt. Aufgrund der niedrigen Dosierung sind Nebenwirkungen gering ausgeprägt, die Gefahr einer Abhängigkeitsentwicklung besteht nicht.

Schlafstörungen: Klassische Schlafmittel (z. B. Chloralhydrat, Zopiclon) eignen sich nur für die kurzfristige Einnahme (maximal wenige Wochen). Ansonsten besteht die Gefahr einer Abhängigkeitsentwicklung. Sedierend (beruhigend und Schlaf fördernd) wirkende Antidepressiva können längerfristig zur Behandlung von Ein- und Durchschlafstörungen eingesetzt werden. Die Schlaf fördernde Wirkung kann anders als der stimmungsstabilisierende Effekt unmittelbar genutzt werden, die Gefahr einer Abhängigkeitsentwicklung besteht nicht. Die Dosis liegt niedriger als beim Einsatz als Antidepressivum. Für die Behandlung von Albträumen eignen sich wie für die Behandlung von Schmerzstörungen trizyklische Antidepressiva in niedriger Dosierung, die Einnahme erfolgt dann allerdings abends bzw. zur Nacht.

Neuroleptika

Akute Angst- und Unruhezustände: Bedarfsweise kann in akuten Krisensituationen die beruhigende und Schlaf fördernde Wirkung von niedrig potenten Neuroleptika wie z. B. Promethazin genutzt werden. Die Dosis sollte individuell abgestimmt werden.

Psychoseähnliche oder psychosenahe Zustände: In Situationen mit beginnendem Realitätsverlust und Störungen der Impulskontrolle kann der Einsatz von mittelpotenten Neuroleptika sinnvoll sein (z. B. Perazin, Olanzapin). Die Dauer der Einnahme sollte sorgfältig geprüft werden, da eine langfristige Neuroleptikagabe zu dauerhaften Nebenwirkungen (insbesondere Bewegungsstörungen) führen kann. Hochpotente Neuroleptika werden bei akuten Psychosen, die sich durch Realitätsverlust mit möglicher Selbst- und Fremdgefährdung auszeichnen (z. B. Schizophrenie, Manie, Wahn), gegeben.

Selbstverletzungsdruck: Medikamente können in Einzelfällen selbstverletzendes Verhalten reduzieren, der generelle Einsatz ist nicht empfehlenswert. Außer Neuroleptika (z. B. Risperidon als atypisches Neuroleptikum der neueren Generation) können auch Antidepressiva (so genannte Serotonin-Wiederaufnahme-Hemmer wie z. B. Fluoxetin) wirksam sein. Ein anderer Behandlungsansatz ist die Therapie mit Naltrexon, einem Medikament, das die Wirkung von Opiaten aufhebt. Bei Selbstverletzung werden körpereigene Opiate zur Schmerzstillung freigesetzt, die »high« machen können. Naltrexon blockiert diesen Mechanismus und wird deshalb in erster Linie in der Behandlung drogenabhängiger Menschen verwendet.

Benzodiazepine oder Tranquilizer

Beruhigungsmittel wie z. B. Diazepam wirken schnell Angst lösend, beruhigend und Muskel entspannend. In der Medizin werden sie deshalb vor Narkosen, vor diagnostischen Eingriffen oder bei akuten Muskelkrämpfen eingesetzt. Notärzte wenden bei akuten Erregungszuständen ebenfalls Benzodiazepine an. Der Einsatz bei Angst- und Panikstörungen sollte sehr zurückhaltend erfolgen. Spätestens nach sechs Wochen regelmäßiger Einnahme entsteht neben der seelischen auch eine körperliche Abhängigkeit mit Entzugserscheinungen bei Absetzen des Tranquilizers. Durch die schnelle angenehme Wirkung mit wenigen Nebenwirkungen außer der starken Beruhigung mit Einschränkung des Reaktionsvermögens ist das Abhängigkeitspotenzial hoch. Selbst in akuten Krisensituationen kann der Einsatz von Benzodiazepinen nicht länger als drei Tage empfohlen werden.

Phasen der Traumapsychotherapie

Medikamente sind wichtig, aber sie ersetzen keine Psychotherapie. Sie wirken auch nicht ursächlich. Wenn die Medikamente wieder abgesetzt werden, können die Symptome wieder zurückkehren. Ursächlich wirken die verschiedenen Formen der Traumapsychotherapie. Diese lässt sich in vier Schritte unterteilen.

Wie es mit Peter weiterging

Als Peter sich klar war, dass er an einer posttraumatischen Belastungsstörung leidet, bemühte er sich um eine Behandlung seiner posttraumatischen Störung mittels EMDR (siehe S. 78 f.). Peter konnte nach wenigen Sitzungen eine Besserung seines Befindens, insbesondere seiner Gereiztheit sowie seiner Schlafstörungen feststellen. Er nahm seine alten Kontakte wieder auf und gab das exzessive Trinken auf.

Leider verläuft nicht bei allen Patienten nach einem akuten Trauma, aus dem sich nachfolgend eine PTSD entwickelt, alles so rasch in Richtung Heilung, wenn die PTSD erkannt ist, was bei Peter leider ziemlich lange gedauert hat.

1. Schritt: Für äußere Sicherheit sorgen

Das allerwichtigste: Herstellen einer sicheren Umgebung. Günstig ist es sodann, wenn Sie dabei unterstützt werden, so viel Hilfe wie möglich zu organisieren. Vielleicht benötigen Sie juristischen Rat oder Hilfe durch Sozialarbeiter. Scheuen Sie sich nicht, Hilfe in Anspruch zu nehmen. (Am Ende des Buches finden Sie Adressen von Ansprechpartnern. Als Opfer von Gewalt haben Sie auch Anspruch auf Hilfen nach dem Opferhilfegesetz (s. Anhang).

2. Schritt: Gut informieren
Den meisten Menschen tut es gut, wenn Sie genau informiert sind, daher haben Sie Anspruch auf Informationsvermittlung. Diese können Sie sich auch selbst mit Hilfe dieses Buches aneignen.

Wichtig ist, dass Sie sich klar machen, dass Verhalten, das Sie als störend empfinden, einen guten Sinn als Schutz hat und eine Reaktion auf Ihre traumatische Erfahrung darstellt, mit der Sie nun ohne Hilfe vermutlich nicht mehr fertig werden.

Es reicht in der Regel nicht, wenn Ihr Hausarzt Sie behandelt, sondern er sollte frühzeitig einen in der Behandlung von PTSD erfahrenen Psychotherapeuten hinzuziehen. (Leider gibt es diese noch nicht überall in ausreichender Zahl, Sie müssen u. U. weitere Fahrten auf sich nehmen.)

> **Äußere Sicherheit**
>
> ist die Voraussetzung für eine erfolgreiche Behandlung. Wer sich real bedroht fühlt, kann sich auch durch Selbstberuhigungstechniken (z. B. Imaginationsübungen wie der »Innere sichere Ort«) langfristig nicht stabilisieren. Das wäre auch keine sinnvolle Überlebensstrategie.
>
> Für äußere Sicherheit sorgen heißt, ein traumatisierendes Umfeld zu verlassen (»Welche Menschen tun mir gut, welche schaden mir?«). Es gilt, ein unterstützendes soziales Netz aufzubauen. Dazu können Freunde, Selbsthilfegruppen oder spezifische Hilfe durch professionelle Helfer gehören.

3. Schritt: Traumaspezifische Stabilisierung
Wenn Sie äußerlich in Sicherheit sind, sollte eine traumaspezifische Stabilisierung durch den Psychotherapeuten erfolgen. (Wir gehen weiter unten genauer darauf ein.)

Krisen sollten als erstes aufgefangen werden, und Sie sollten gemeinsam mit Ihrem Behandler anstreben, sich ein Krisenmanagement zu erarbeiten.

Ressourcenorientierte Arbeit wird Ihnen vermutlich am meisten helfen, darunter versteht man, dass alle bisher vorhandenen inneren und äußeren Ressourcen/Kraftquellen aufgespürt und genutzt werden.

Distanzierungstechniken und imaginative Verfahren haben sich ebenfalls bewährt (siehe S. 83).

4. Schritt: Traumabearbeitung

Der vierte Schritt bei der Behandlung der einfachen PTSD ist die Traumakonfrontation, die wir im Folgenden näher erläutern.

Traumakonfrontation bei einfacher PTSD

Die Therapie der Wahl der einfachen PTSD ist die nochmalige Konfrontation mit dem auslösenden Trauma mit dem Ziel der Durcharbeitung und Integration unter geschützten therapeutischen Bedingungen.

Voraussetzung für Traumakonfrontation

Erste Voraussetzung ist eine ausreichende Stabilisierung, d. h. kein Täterkontakt. Wenn Sie noch Kontakt zu den Menschen haben, die Ihnen geschadet haben, ist es eine zu große Belastung für Sie, sich mit der traumatischen Erfahrung auseinander zu setzen. Sie sollten dann erst dafür sorgen, dass Sie in Sicherheit sind.

Die Fähigkeit zur Affektkontrolle und Selbstberuhigung ist ebenfalls nötig, d. h. es sollte Ihnen einigermaßen möglich sein, auch schmerzliche Gefühle zu ertragen, ohne dass Sie dissoziieren müssen und es sollte Ihnen möglich sein, sich selbst immer wieder zur Ruhe zu bringen, auch wenn Sie sich vorübergehend von Angst, Panik und Schmerz überwältigt fühlen sollten.

Außerdem ist es wichtig, dass Sie sich mit Ihrer Therapeutin/Ihrem Therapeuten wohl und sicher fühlen, dazu gehört u. a. auch die Kompetenz der Therapeuten Traumakonfrontation durchzuführen. Fragen Sie danach.

Welche Behandlungsmöglichkeiten gibt es?

Alle Fachleute auf dem Gebiet der Traumatherapie sind sich einig, dass die herkömmlichen psychotherapeutischen Methoden den Erfordernissen, die sich durch den traumatischen Stress ergeben, angepasst werden müssen, das nennt man Trauma-Adaptierung.

Das heißt, eine herkömmliche psychoanalytische oder Verhaltenstherapie entspricht nicht den Erfordernissen, aber auch keine herkömmliche Familientherapie, Gestalttherapie, Körpertherapie usw.

Fragen Sie, inwieweit Ihre Behandlerin oder Ihr Behandler über spezielle traumatherapeutische Kompetenz verfügt.

Traumaadaptierte Verfahren sollten im Rahmen eines Gesamtbehandlungsplanes zum Einsatz kommen. Auch wenn Sie schwer traumatisiert sind, sind Sie mehr als ein Mensch mit einer PTSD.

Welche Therapieformen haben sich bisher bewährt?

Kognitiv-behaviorale Therapien
Bei dieser Therapieform geht es vor allem darum, dass Sie sich Ihr Denken bewusst machen und verändern. In der kognitiven Verhaltenstherapie geht man davon aus, dass so genanntes dysfunktionales Denken, also nicht hilfreiches oder ungesundes Denken, wesentlich dazu beiträgt, dass wir krank werden oder nicht gesunden können. Der Vorteil dieser Therapie ist, dass das, was wir denken, im Allgemeinen gut zugänglich und einer Bearbeitung zuzuführen ist. Menschen mit einer PTSD neigen dazu, sich für schuldig zu halten, sich zu schämen und ganz allgemein unrealistisch zu denken. Dazu gehört z. B. zu verallgemeinern. Peter aus unserem Beispiel dachte:»Mir kann sowieso keiner helfen; ich habe alles falsch gemacht; ich bin schuld, mein Leben hat keinen Sinn.«

Prolongierte Exposition (nach Edna Foa)
Prolongiert heißt verlängert, und Exposition heißt so viel wie Konfrontation.

Hier geht es darum, sich noch einmal in allen Details an die traumatische Erfahrung zu erinnern und diese Details zu benennen. Die Therapiesitzungen werden auf Tonband aufgezeichnet und müssen dann täglich zu Hause noch einmal gehört werden. In der Verhaltenstherapie geht man davon aus, dass durch die mehrmalige Konfrontation mit dem Trauma sich nach und nach die Gewissheit einstellt, dass alles vorbei ist und dass man jetzt sicher ist. Verhaltenstherapeuten nennen das »Habituation«.

Imaginary Rescripting (nach Mervin Smucker)
Es gibt auch Mischformen aus kognitiver Therapie und Exposition, wie z.B. Imaginary Rescripting nach Mervin Smucker. Dabei wird sowohl an den Kognitionen gearbeitet wie auch mit Hilfe von genauen Vorstellungsbildern eine Exposition durchgeführt.

Psychodynamische Therapien
Psychodynamische Therapieformen zeichnen sich dadurch aus, dass so genannte unbewusste Vorgänge stärker berücksichtigt werden. Außerdem legen psychodynamische Therapeuten viel Wert auf das Verständnis und die Nutzung der therapeutischen Beziehung und sie legen viel Wert auf Einsichtsförderung.

Mehrdimensionale psychodynamische Traumatherapie. Abgekürzt MPTT (entwickelt von Gottfried Fischer). Hier geht es darum, das Trauma und die Traumaverarbeitung, das so genannte traumakompensatorische Schema zu verstehen, dem Patienten bewusst zu machen und im Rahmen einer Sicherheit spendenden Beziehung neue Wege aus dem Trauma zu entwickeln.

Psychodynamisch imaginative Traumatherapie. Abgekürzt PITT (entwickelt von Luise Reddemann). Diese Therapie nutzt vor allem die Fähigkeit zur »Imagination als heilsame Kraft«.

PatientInnen werden angeregt, ihre Vorstellungskraft ganz gezielt zu nutzen, um heilsame Bilder zu entwickeln, die ein Gegengewicht zu den Bildern des Grauens bilden sollen. Vorstellungskraft ist eine natürliche Fähigkeit, über die fast jeder Mensch verfügt. Das wesentliche Prinzip von PITT ist es, Fähigkeiten, die ohnehin vorhanden sind, ganz gezielt zu nutzen. So wird zum Beispiel während der Traumakonfrontation unsere Fähigkeit, uns selbst zu beobachten, therapeutisch gezielt verwendet.

EMDR (nach Francine Shapiro)
EMDR heißt »Eye Movement Desensitization and Reprocessing«. Dabei handelt es sich um ein relativ neues Therapieverfahren, das Francine

Shapiro 1995 erstmalig bekannt gemacht hat. EMDR hat sich insbesondere bei Monotraumata weltweit bewährt.

Im Wesentlichen geht es beim EMDR darum, mittels Augenbewegungen eine beschleunigte Verarbeitung des Traumas im Gehirn anzuregen. Während die Therapeutin ihre Hand vor den Augen der Patientin hin und her bewegt und dadurch Augenbewegungen der Patientin veranlasst, konzentriert sich diese gleichzeitig auf ihre inneren Vorstellungen des Traumas. Man weiß nicht genau, wie diese beschleunigte Verarbeitung zustande kommt, die Erfahrung zeigt aber, dass EMDR dabei hilft, die traumatischen Erlebnisse sehr rasch, allerdings auch sehr intensiv zu durchleben und damit zu verarbeiten.

Vor- und Nachteile der Therapieverfahren

Wie immer im Leben haben alle diese Therapien Vor- und Nachteile: Die kognitiven und die psychodynamischen Therapien sind sanfter als das EMDR und die Expositionstherapien, am wenigsten Kontrolle über das innere Geschehen hat man beim EMDR, dafür hilft es oft besonders schnell.

> **Was Sie nicht mit sich machen lassen sollten**
>
> - Psychoanalytische, tiefenpsychologisch fundierte oder Verhaltenstherapie, die nicht traumaadaptiert ist. Da hilft nur genaues Nachfragen bei den TherapeutInnen und sich erklären lassen, wie diese arbeiten. Wer das nicht will oder kann, ist vermutlich nicht sehr geeignet für Sie.
> - Alleinige Behandlung mit Medikamenten, Verschreibung von Benzodiazepinen (z. B. Diazepam, Bromazepam) länger als 4 Tage
> - Alleinige Traumakonfrontation ohne Einbettung in einen Gesamtbehandlungsplan, also das Angebot der Traumakonfrontation, kaum, dass Sie die Therapeutin kennen (außer Sie fühlen sich sehr stark und kommen sehr gut in Ihrem Leben zurecht, aber selbst dann raten wir zur Vorsicht).

Was Sie zusätzlich tun können

Alle diese psychotherapeutischen Verfahren gewinnen, wenn man sie ergänzt durch stabilisierende Körpertherapien, denn: »The Body holds the Score« sagt der berühmte amerikanische Traumaforscher Bessel van der Kolck, zu Deutsch in etwa: Der Körper vergisst nichts.

Stabilisierende Körpertherapien sind z. B.:
- Qi Gong
- Feldenkrais-Arbeit
- Trauma verarbeitende Verfahren wie Somatic Experiencing nach Peter Levine oder körpertherapeutisch orientierte Traumatherapie nach Babette Rothschild
- künstlerische Therapien.

Was noch helfen kann:
- soziale Unterstützung
- Einbeziehung von Angehörigen
- berufliche Reintegration
- Opferentschädigungsgesetz.

Achten Sie auf schonenden Umgang

Früher hatte man die Vorstellung, unsere Seele sei wie ein Dampfkessel, dem es gut tut, wenn man dessen Druck ablässt. Man spricht dann von Katharsis, auch das Wort »Herauslassen« wurde in diesem Zusammenhang gebraucht. »Lass deine Angst, deinen Schmerz zu, lass sie raus«, so oder ähnlich wurde das angeregt. Diese Vorstellungen gelten als überholt. Unsere Seele ist ein sehr komplexes zartes Gebilde und verdient einen schonenden Umgang. Daher:

- Achten Sie darauf, ob Sie gut informiert werden.
- Achten Sie darauf, ob Sie als autonomer und kompetenter Partner behandelt werden
- Achten Sie darauf, ob Sie in Ihrer Besonderheit als Frau oder Mann wahrgenommen werden. Da Traumatisierungen unserem Körper widerfahren, berührt uns das fast immer auch in unseren Geschlechtsrollen, man nennt das Berücksichtigung genderspezifischer Gesichtspunkte
- Achten Sie darauf, dass Sie sich stabil fühlen und Ihnen dabei geholfen wird, sich immer wieder wenn nötig zu stabilisieren.

Falls Sie das wünschen, bestehen Sie darauf, dass die Traumabearbeitung so schonend wie möglich durchgeführt wird. Auch sonst ist es in der Medizin heute üblich, immer schonendere Behandlungsformen zu entwickeln. Es ist nicht erforderlich, noch einmal so schreckliches Leid zu erleben wie damals, um von einem Trauma zu heilen.

Denken Sie daran, dass erfahrene TherapeutInnen in der Regel mehr als ein Handwerkszeug in ihrem Koffer haben. Wer einseitig nur eine Methode praktiziert, ist wahrscheinlich weniger geeignet, Ihnen zu helfen. Fragen Sie also danach.

Ein guter Gradmesser könnte sein, dass Sie sich gut begleitet und beraten fühlen, ohne dafür »klein« werden zu müssen.

Was sollten Sie für eine Therapie mitbringen?

- Sie sollten bereit sein, das Schmerzhafte, das durch das Trauma in Ihr Leben gekommen ist, verändern zu wollen und dabei mitzuwirken. (Die Therapeutin allein kann Ihr Leben nicht ändern.)
- Sie sollten bereit sein, über die Frage der Unterbrechung von Kontakten zu Menschen nachzudenken, die Ihnen geschadet haben oder schaden und später auch, diese Kontakte tatsächlich zu beenden.
- Sie sollten Interesse daran entwickeln, auf möglichst erwachsene Art durchs Leben zu gehen und mit einem erwachsenen Teil in die Therapie zu gehen, der bereit ist, mit der Therapeutin zusammen zu arbeiten.
- Sie sollten also zu einer guten Zusammenarbeit mit Ihrem Therapeuten bereit sein, man nennt das auch das Arbeitsbündnis.

Was der Therapeut mitbringen sollte

Ein gutes Arbeitsbündnis wird entscheidend durch die Haltung des Therapeuten geprägt. Therapeuten sollten zu einer Haltung der »nicht-neutralen Abstinenz« oder noch weitergehend der »parteilichen Abstinenz« bereit sein. »Abstinere« bedeutet »sich enthalten von«. In diesem Fall heißt das, der Therapeut muss auf die Befriedigung eigener Wünsche und Bedürfnisse durch die Therapie bzw. den Patienten verzichten. Ohne wenn und aber. Dennoch ist eine fürsorgliche, quasi freundschaftliche Haltung dem Patienten gegenüber gefragt. Parteilich meint die klare Stellungnahme und solidarische Haltung und auch Anerkennung der traumatischen Erfahrungen.

Wenn ein Therapeut oder eine Therapeutin Ihnen sagt, da waren Sie doch selber beteiligt, sollten Sie wachsam sein, ob dieser Mensch es gut mit Ihnen meint.

Woran können Sie erkennen, ob Sie gut behandelt werden? Achten Sie während der ersten Gespräche auf folgende Punkte:

- Der Therapeut sollte freundlich und zugewandt sein und Sie sollten merken können, dass er sich um eine hilfreiche Beziehung bemüht.
- Der Therapeut sollte Ihnen vermitteln, dass er an einer Klärung Ihres Auftrags an ihn interessiert ist, das heißt, dass er so genau wie möglich mit Ihnen klärt, was Sie von ihm erwarten.
- Er sollte die Anamnese – also Ihre Vorgeschichte – erheben, ohne Belastendes hervorzuheben oder Sie durch Betonung schwieriger Themen zusätzlich zu dem, was Sie ohnehin schon belastet, belasten.
- Er sollte Ihnen Distanzierungstechniken (innerer Beobachter, Bildschirm; siehe Kasten) erklären, wenn sie über schwierige Themen sprechen.
- Er sollte Sie nach Stärken und Kraftquellen fragen. Und Ihnen erklären, warum er das tut.
- Er sollte sich für Ihre Lebensziele interessieren.
- Er sollte Ihre Fähigkeit zur Selbstbeobachtung und zu einem verbesserten Selbstmanagement anregen.

Distanzierungstechniken

Folgende Übungen können Sie so oft anwenden, wie Sie wollen, um mehr Distanz zu inneren belastenden Vorgängen zu bekommen.

Innerer Beobachter: Selbstbeobachtung ist etwas Normales. Wir alle tun es ständig, sonst wüssten wir nicht, dass wir da sind. Im Fall dieser Übung wird die Selbstbeobachtung nur etwas stärker in den Blick genommen. Sie konzentrieren sich also darauf, dass Sie fähig sind, sich selbst zu beobachten und nehmen dann so genau wie möglich wahr, was da jetzt gerade ist, z. B. »Da ist Peter, dem tut das Knie weh, er ist verzweifelt, er denkt, mir kann sowieso keiner helfen ...« Wenn Sie das so machen, werden Sie merken, dass Sie mehr Distanz zu dem, was gerade ist, bekommen.

Die Arbeit mit dem »Bildschirm«: Auch diese Technik hilft bei der Distanzierung. Diesmal stellen Sie sich vor, dass die inneren Bilder auf einem äußeren Bildschirm sind. Mit Hilfe einer imaginären Fernbedienung können Sie nun stoppen oder das Bild kleiner machen, die Farbe herausnehmen, den Ton etc.

Traumakonfrontation bei komplexer PTSD

Bei Menschen mit komplexen Traumafolgestörungen geht es um viel mehr als nur eine Auseinandersetzung mit den Traumatisierungen. Dennoch ist Traumakonfrontation manchmal hilfreich und sollte dann auch gewagt werden.

Ein gewisses Risiko bleibt bestehen. Beginnt man, ein Trauma zu bearbeiten, so ist es manchmal wie im Gedicht vom Zauberlehrling: Man wird die Geister, die man rief, nicht mehr los. Das Risiko ist umso geringer, je besser Sie vorbereitet sind und je stabiler Sie sind.

Voraussetzungen, die Sie kennen sollten

Über die Voraussetzungen zu traumakonfrontativer Arbeit gibt es leider auch unter Fachleuten allerhand Unkenntnis. So denken sowohl TherapeutInnen wie PatientInnen, dass man nach wenigen Stunden Therapie, oder sogar schon während der ersten Sitzungen traumakonfrontativ behandeln kann, wenn ein Trauma eine Rolle spielt.

Dies trifft häufig bei einfacher PTSD zu, gilt aber nicht bei komplexer PTSD.

Das sollten Sie prüfen:

1. Bin ich fähig, belastende Gefühle auszuhalten, ohne zu dissoziieren?
2. Bin ich fähig, mich selbst zu beruhigen und mich selbst zu trösten?

Diese beiden Kriterien sind leicht zu prüfen, und Sie sollten sie ernst nehmen.

Wenn Sie über diese Fähigkeiten nicht verfügen, werden Sie mit hoher Wahrscheinlichkeit von traumakonfrontativer Arbeit im günstigsten Fall nicht profitieren, im ungünstigen Fall wird es Ihnen danach schlechter gehen. Wir sehen leider recht häufig Patienten, deren Zustand sich verschlechterte.

Der Nutzen der Traumakonfrontation wird oft überbewertet

Viele PatientInnen (und TherapeutInnen) überschätzen den Wert und den Nutzen von Traumakonfrontation. Wir haben seit Jahren beobachten können, dass Patienten, die lernen und fühlen können, dass sie

> **! Wichtig**
>
> **Täterkontakt.** Wenn Sie noch Kontakt zu einem oder mehreren Tätern haben, schadet Ihnen Traumakonfrontation.
>
> - Es darf keine Taten mehr geben.
> - Passiver Täterkontakt: Es gibt keine Taten mehr, aber es besteht enger Kontakt zum Täter. Beispiel: Tochter, die vom Vater sexuell ausgebeutet wurde, pflegt diesen heute, da er alt ist. Er behelligt sie seit Jahren nicht mehr, dennoch fühlt sich die Patientin in seiner Gegenwart unwohl. (In diesem Fall ist weiterhin stabilisierende Arbeit nötig.)
>
> **Beziehungssicherheit.** Dies bedeutet ein gutes Arbeitsbündnis zwischen Patientin und Therapeutin, das von einem gewissen Vertrauen getragen ist. Bei stark idealisierender oder negativer Übertragung wird empfohlen, diese erst zu bearbeiten.
>
> Traumakonfrontation setzt aber auch eine kompetente und in den angewandten Verfahren erfahrene oder gut supervidierte Therapeutin voraus! Auch dies ist Teil der Beziehungssicherheit.

jetzt in Sicherheit sind, häufig gar keine Traumakonfrontation mehr wollen oder brauchen. Patienten überschätzen Traumakonfrontation vermutlich deshalb, weil man heute oft hört, »es ist gut, darüber zu reden« und »über alles zu reden«.

Das hat in gewisser Weise häufig seine Berechtigung. Leider gilt dies aber für Menschen mit komplexen posttraumatischen Belastungsstörungen nicht uneingeschränkt. Dies hat mit der Dissoziation traumatischer Erfahrungen zu tun. Sie können sich vorstellen, dass Erinnerungen zu einem Ereignis von unserem Gehirn nur dann abgespeichert werden können, wenn alles, was zusammen gehört, auch zusammen ist, etwa wie ein Puzzle, das vollständig zusammengesetzt ist. Wenn die einzelnen Puzzleteile aber mal hier mal dort »herumfliegen«, kann keine Speicherung erfolgen. Diese Puzzleteile kann man nicht durch »Darüberreden« zusammensetzen, sondern durch eine Arbeit, in der folgende Empfehlungen berücksichtigt werden:

Es wird nämlich dazu geraten, das BASK-Modell zu berücksichtigen.

Das BASK-Modell

Dieses Modell, das von dem amerikanischen Psychotherapeuten Bennett Braun stammt, gibt eine hilfreiche und einfache Orientierung für die Traumakonfrontation.

Ausgehend von dem Wissen um Dissoziation hat Braun vorgeschlagen, darauf zu achten, dass die folgenden Bereiche zusammengefügt werden:

- Das Verhalten – B(ehavior)
- Die Gefühle – A(ffect)
- Das Körpererleben – S(ensation)
- Die Gedanken – K(ognition)

Wenn es gelingt, diese Bereiche zu integrieren und die Dissoziation aufzuheben, ergibt sich daraus Erleichterung und das Gefühl, dass das Trauma vorbei ist.

Die Fähigkeit, sich »inneren Trost« zu geben

Des Weiteren ist es unerlässlich, dass nicht nur das Trauma aufgedeckt wird – die Wunde aufgerissen – sondern dass auch anschließend heilsame Bilder – quasi ein Verband mit einer heilsamen Salbe – zur Anwendung kommen. Wir nennen das »inneren Trost«. Beschäftigen Sie sich mit traumatischen Erfahrungen und gelingt es Ihnen nicht, sich danach selbst zu trösten und zu beruhigen, geht es Ihnen schlechter als vorher.

Schließlich ist es wichtig, dass Sie sich nicht in der Vergangenheit verlieren, sondern dass die Gegenwart das Wichtigste für Sie bleibt.

Wann darf keine Traumakonfrontation erfolgen?

So gilt, dass lediglich bei Menschen mit einem Monotrauma und einer nicht komplexen posttraumatischen Belastungsstörung die Konfrontation mit dem traumatischen Ereignis die sinnvollste Behandlung ist. Aber selbst hier geht es nicht ohne ausreichende Stabilität und daher also meist nicht ohne Stabilisierung.

Den Zusammenhang zu traumatischen Erfahrungen herstellen, heißt nicht unbedingt Traumakonfrontation, sondern lediglich um das Trauma zu wissen.

Es verbietet sich traumakonfrontative Arbeit auch bei körperlicher Erkrankung, weil dann die Schutzmechanismen, die jemand dringend braucht, um mit der Erkrankung fertig zu werden, zusätzlich geschwächt werden.

Weiterhin sind belastende äußere Ereignisse, wie z. B. Trennungssituationen eine Kontraindikation, d. h. ein Grund, keine Konfrontation zu machen. Auch hier brauchen Sie Ihre ganze Kraft für die Bewältigung des äußeren Ereignisses.

Früher dachten wir etwa so: Wenn ein Mensch sich im jetzigen Leben schwer tut, und das hängt mit traumatischen Erfahrungen zusammen, bearbeitet man am besten das Trauma, weil damit dann Kräfte frei werden zur Bewältigung der aktuellen Probleme. Leider hat sich das als Irrtum herausgestellt.

> **! Wichtig**
>
> Wenn es geschehen sollte, dass in Ihrer Therapie zu schnell Traumakonfrontation gemacht wurde, so müssen Sie sehr wahrscheinlich hinterher mehr Zeit investieren, damit es Ihnen nach der Konfrontation wieder besser geht.
>
> Traumabearbeitung sollte nur durch entsprechend qualifizierte PsychotherapeutInnen erfolgen.

> **! Wichtig**
>
> Therapie der Wahl bei den meisten Traumafolgeerkrankungen ist eine umfassende, auf die Persönlichkeit zugeschnittene und alle Störungen mit berücksichtigende Behandlung.
>
> Die Konfrontation mit dem Trauma ist eine Massnahme unter vielen anderen und hat in den seltensten Fällen Vorrang. Dennoch sollte die Behandlung traumaadaptiert sein!

> **Wann darf Traumakonfrontation auf keinen Fall gemacht werden?**
>
> Wenn eine der folgenden Störungen oder Beschreibungen auf Sie zutrifft, sollten Sie keine Traumakonfrontation zulassen, weil sie (zurzeit) mehr schaden als nützen würde:
>
> - Psychose
> - Suizidalität
> - schwere körperliche Erkrankungen
> - instabile psychosoziale Situation
> - mangelnde Fähigkeit mit Gefühlen umzugehen, z.B. wenn man dauernd »ausflippt« und das nicht unter Kontrolle hat
> - anhaltende schwere Dissoziationsneigung
> - unkontrolliertes autoaggressives Verhalten
> - mangelnde Distanzierungsfähigkeit zum traumatischen Ereignis.

In vielen dieser Fälle empfehlen sich weiterhin stabilisierende Maßnahmen, ggf. medikamentöse Behandlung, sowie sozialpsychiatrische Interventionen, als da sind:

- soziale Unterstützung
- Einbeziehung von Angehörigen
- berufliche Reintegration.

Bei vielen schwer traumatisierten Patientinnen und Patienten ist eine Kombination aus Psychotherapie, Pharmakotherapie und sozialpsychiatrischen Interventionen unerlässlich.

> **! Wichtig**
>
> Als überholt gilt:
>
> - Die Anwendung nicht traumaadaptierter Verhaltenstherapie oder psychodynamischer Verfahren
> - alleinige Pharmakotherapie
> - alleinige Traumakonfrontation ohne Einbettung in einen Gesamtbehandlungsplan.

Sorgen Sie für Ihre innere Sicherheit

- Sie sollten ausführlich über die verschiedenen Möglichkeiten der Traumakonfrontation informiert sein, und es sollte in einem gemeinsamen Prozess zwischen Ihnen und Ihrem Therapeuten über die Technik entschieden werden.
- Achten Sie darauf, dass Sie mit der Technik mit Hilfe eines positiven Beispiels oder einer neutralen Erfahrung vertraut gemacht werden. Selbst wenn man nicht alle Elemente der Technik damit vermitteln kann, weil es spezifische, nur dem Schutz dienende Anteile darin gibt, ist das Vertrautmachen mit der Technik mittels einer positiven oder neutralen Erfahrung deshalb so wichtig, weil es Ihnen hilft, ein Gefühl von Kontrolle zu haben.
- Es sollte genügend Zeit eingeplant sein, das heißt wenigstens zwei Zeitstunden. Dies ist besonders wichtig, damit genügend Zeit vorhanden ist, dass Sie sich wieder ganz im Hier und Jetzt zurechtfinden können und Zeit haben sich zu trösten. Ein Drittel der Gesamtzeit sollte dafür eingeplant sein; auch die Arbeit an kleinen Ausschnitten der traumatischen Erfahrung – sozusagen in kleinen Portionen – sollte in Erwägung gezogen werden.
- Das Ereignis, das erarbeitet werden soll, sollte so genau wie möglich eingegrenzt sein, d.h. es sollte besprochen sein: »womit beginnen wir die Arbeit« und »an welcher Stelle wird das Trauma zu Ende sein«. Selbst wenn sich das später ändert, ist es erst einmal wichtig, dass Sie wissen, es gibt einen Anfang und ein Ende.
- Gehen Sie davon aus, dass Sie jederzeit stoppen können. Sie müssen das nicht rechtfertigen. Es ist Ihr Recht aufzuhören, wenn Sie das möchten.

Welche Verfahren eignen sich zur Therapie der komplexen PTSD?

Die wichtigsten Verfahren für die Traumakonfrontation bei komplexen posttraumatischen Belastungsstörungen sind diejenigen, die besonders schonend sind, und die Ihnen stets ausreichend Kontrolle ermöglichen. Dazu gehören zum einen kognitive Ansätze, zum anderen psychodynamische wie die mehrdimensionale psychodynamische

Traumatherapie (MPTT; siehe S. 78) und die psychodynamisch imaginative Traumatherapie PITT.

EMDR kann eingesetzt, aber nur in sehr modifizierter Form angewendet werden. Fragen Sie Ihre Therapeuten, ob diese das können. Leider ist es nicht selten, dass Therapeuten grade mal einen oder zwei Kurse in EMDR gemacht haben und dann meinen, sie könnten komplexe Traumafolgestörungen behandeln. Das ist unmöglich!

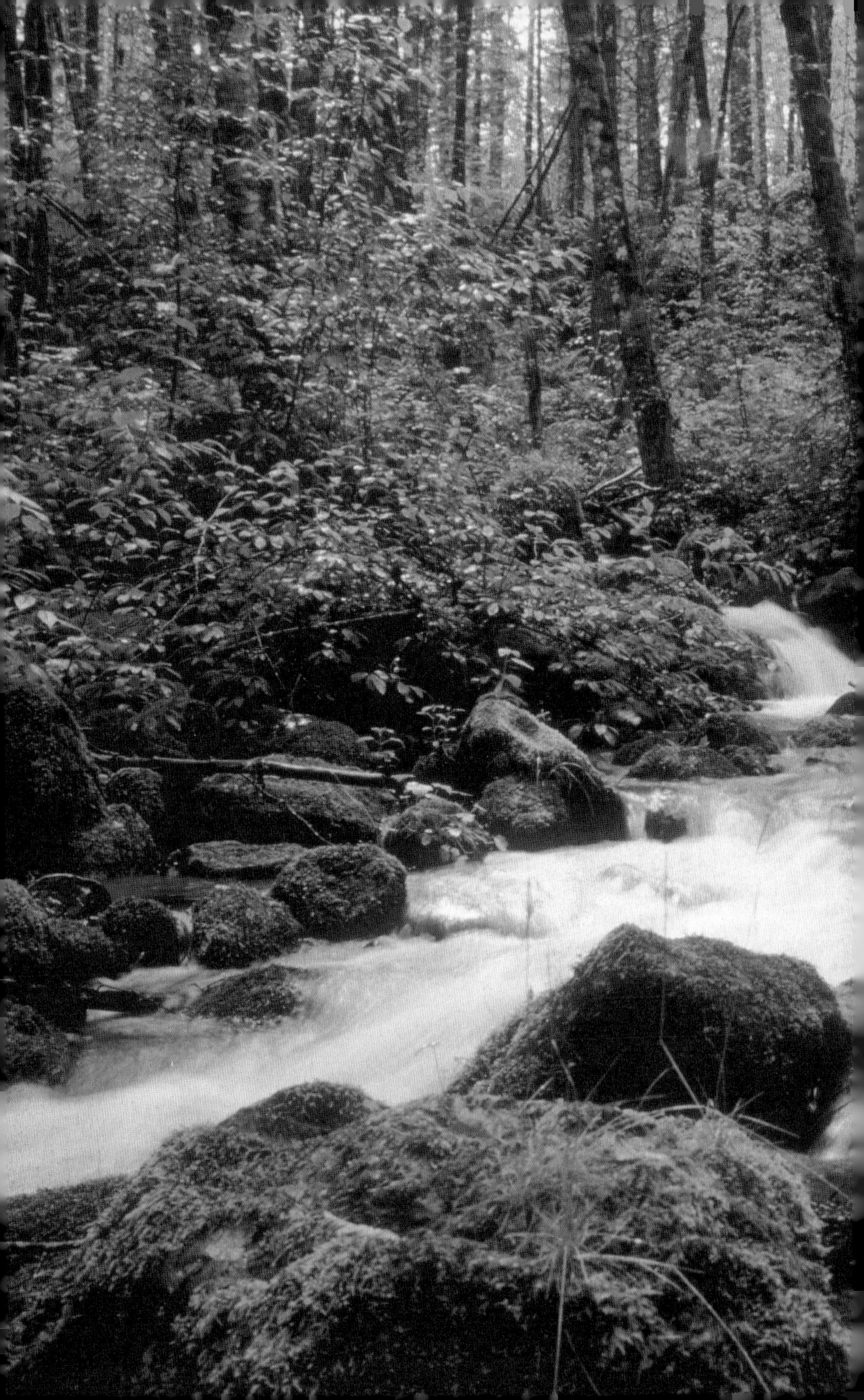

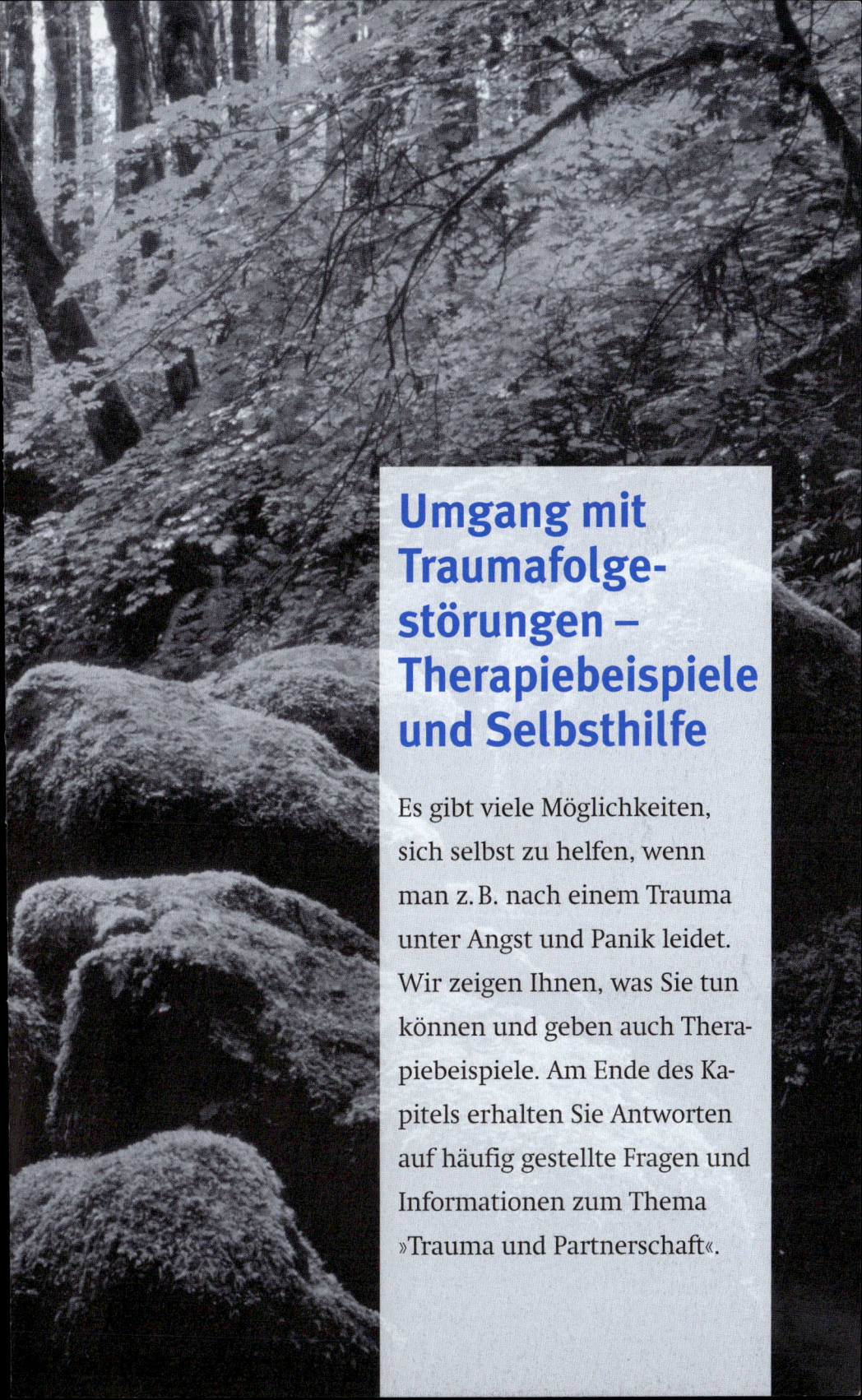

Umgang mit Traumafolgestörungen – Therapiebeispiele und Selbsthilfe

Es gibt viele Möglichkeiten, sich selbst zu helfen, wenn man z. B. nach einem Trauma unter Angst und Panik leidet. Wir zeigen Ihnen, was Sie tun können und geben auch Therapiebeispiele. Am Ende des Kapitels erhalten Sie Antworten auf häufig gestellte Fragen und Informationen zum Thema »Trauma und Partnerschaft«.

Was hilft bei Angst?

Traumatisierte Menschen leiden häufig unter Angst. Zum einen hat diese Angst oft direkte Verbindung zur traumatischen Erfahrung, es gibt aber natürlich auch die quasi normale Angst, unter der jeder Mensch gelegentlich leidet. Dabei handelt es sich um unsere innere Fähigkeit, Gefahren zu spüren und auf sie zu reagieren. Vielleicht wäre in diesem Fall das Wort Furcht günstiger. Die mit dem Trauma verbundene Angst wird meist als sehr quälend und vor allem überwältigend erlebt. Man fühlt sich dabei total hilflos, was vielleicht das Schlimmste ist.

Krisenhafte Zuspitzungen, bei denen Angst im Vordergrund steht, haben meist eine längere Vorgeschichte, d. h. genau genommen gehören sie in die Vergangenheit. (auch was gestern geschehen ist, ist bereits Vergangenheit). Das wird uns noch beschäftigen.

> **Anna hat große Angst – sie erlebte einen Banküberfall mit**
>
> Anna erscheint als eine extrem ängstliche und schüchterne junge Frau. Ihr Blick ist gesenkt, fast während des gesamten Gesprächs schaut sie die Therapeutin nicht an. Mit meist gerungenen Händen und unruhigen Bewegungen der Füße erzählt sie ihre Geschichte: Von klein an war sie sehr ängstlich und schüchtern. Meist hat sie still für sich gespielt, als sie Kind war. Ihre Eltern hätten sie diesbezüglich nie verstanden und sie immer wieder aufgefordert, mehr Kontakt zu anderen Kindern zu pflegen. Aber sie konnte es beim besten Willen nicht. Anna weiß nicht, warum sie den Beruf einer Bankangestellten gewählt hat. Ihr Vater arbeitet auch bei einer Bank, da hat sie es halt so gemacht, wie er es ihr geraten hat. Glücklich ist sie damit nie gewesen. Eigentlich hätte sie lieber studieren wollen, aber das hat sie sich nicht zugetraut. Aber dann ist sie doch einigermaßen zurechtgekommen und hat ganz guten Kontakt zu ihren Arbeitskolleginnen und Kollegen.
>
> Vor vier Wochen ist die Bank überfallen worden. Alles ist sehr schnell gegangen. Vor ihren Augen hat der Räuber dann ihren Kollegen erschossen. Zwar hat die Polizei recht schnell eingegriffen, da ein anderer Kollege doch den Alarm bedienen konnte, aber dieses Bild von ihrem Kollegen, das geht ihr nicht mehr aus dem Kopf. Während sie dies erzählt, zittert Anna und beginnt zu schluchzen. Nachdem sie sich

etwas gefasst hat, berichtet sie, dass sie dauernd Angst hat, dass ihr selbst etwas passiert, sie kann seither nicht mehr aus dem Haus gehen, auch jetzt ist sie in Begleitung ihrer Mutter gekommen, denn sie schafft es nicht, auch nur einen Schritt alleine zu gehen. Sie träumt auch oft von dem Ereignis und dabei hat sie auch das Gefühl, sie selbst wird erschossen. Sie wacht dann schweißgebadet auf. Das geht nun schon die ganze Zeit so, und sie weiß gar nicht, wie es weitergehen soll.

Distanzierung: Um Anna rasch zu helfen, da sie sich in größter Not fühlt, zeigen wir ihr zunächst einmal einige einfache Distanzierungstechniken.

Wir raten ihr, sich auf ihren Körper zu konzentrieren, z. B. ihre Füße und zu spüren, dass die Füße Kontakt mit dem Boden haben.

Dann bitten wir sie, sich bewusst zu machen, dass jeder Mensch im Prinzip mehr ist, als das, was er gerade erlebt. Sie ist also mehr als ihre Angst und: Sie kann sich selbst beobachten und wahrnehmen, dass da Anna ist, die Angst hat.

Die Person, die jetzt an das schreckliche Ereignis denkt, ist nicht genau dieselbe, wie die, die das Ereignis erlitten hat.

Sie können sich vorstellen, dass Sie die Person, die Sie damals waren, in den Arm nehmen und trösten. Zum Beispiel: »Ich weiß, das war ganz schrecklich, was du da erlebt hast. Du hast dein Bestes gegeben. Jetzt ist alles vorbei …«

! Wichtig

Aufgrund einer traumatischen Erfahrung Angst zu haben ist normal. Es ist wichtig, sich das immer wieder zu sagen.

Jedoch ist das Leben mehr als dieses schreckliche Ereignis.

Den meisten Menschen hilft es, sich auch bewusst zu machen, dass es viel Gutes und Freude Machendes in ihrem Leben gibt und sich das immer wieder vorzustellen, ohne dass das Schreckliche geleugnet wird.

Es empfiehlt sich, sich immer wieder die eigenen Selbstheilungskräfte bewusst zu machen. Wenn einem dazu nichts einfällt, kann es helfen, andere zu fragen: Was denkst du, was klappt bei mir gut, was kann ich, wann habe ich mich gefreut, was weißt du von mir, was ich gut kann ...«

Es hilft auch zu merken, dass einem andere etwas zutrauen und dann zu schauen, ob man nicht doch mutiger ist, als man jetzt grade denkt.

> **Was Sie bei Angst tun können**
>
> - Konzentrieren Sie sich auf Ihren Körper. Nehmen Sie achtsam irgendeinen Teil Ihres Körpers wahr, z. B. können Sie sich wie ein Baby auf Ihre Finger oder Zehen konzentrieren und diese genau betrachten.
> - Machen Sie sich klar, dass Sie mehr sind als Ihre Angst.
> - Beobachten Sie sich dabei, wie Sie Angst haben. Sagen Sie sich: Ich kann mich beobachten, wie ich Angst habe, deshalb bin ich mehr als meine Angst.
> - Fragen Sie sich: »Wer in mir hat diese Angst? Bin ich das, die erwachsene Person von heute oder ist das ein ›jüngeres Ich‹?«
> - Falls ja, können Sie Ihr jüngeres Ich beruhigen, ihm deutlich machen, wo Sie jetzt sind, welche Zeit jetzt ist und dass jetzt alles in Ordnung ist.
> - Wenn Ihr jüngeres Ich Grund hat, Angst zu haben, z. B. weil es etwas Schlimmes erlebt hat, hilft ihm, wenn Sie ihm sagen, dass Sie seine Not und Angst verstehen.
> - Das, was den meisten Menschen am meisten hilft, ist wenn jemand mit ihnen Mitgefühl hat.
> - Tun Sie etwas, das Ihnen Freude macht. Nichts ist hilfreicher als Dinge zu tun, die man gerne tut.

Wenn Sie Panik haben

Panik ist sehr häufig im Zusammenhang mit traumatischen Erfahrungen zu beobachten. Ängste und Panik treten häufig auch gemeinsam oder nacheinander auf.

Nachdem wir mit Anna (siehe Kasten S. 92) das Überfalltrauma durchgearbeitet hatten, tauchte etwas Neues auf: Eine äußerst gewaltsame Mandeloperation, bei der sie von vier Erwachsenen festgehalten wurde, um eine Spritze zu bekommen. Traumatisierungen durch medizinische Eingriffe sind nicht selten Traumatisierungen in der Kindheit. Anna hatte die Erinnerungen im Lauf der Pubertät so weit verdrängen und verarbeiten können, dass sie scheinbar keine Probleme damit mehr hatte. Die erneute Traumatisierung hatte dann allerdings die alten unaufgelösten Probleme wieder aktiviert. Diese tauchten zunächst als Panikattacken auf.

> **Was Sie bei Panik tun können**
>
> Bewegen Sie sich. Wenn Ihre Panik mit einer traumatischen Erfahrung zusammenhängt, dann konnten Sie vermutlich eines nicht: sich bewegen. Daher hilft es vielen Menschen, wenn sie in Bewegung kommen.
>
> Anna z. B. konnte als kleines Kind in der Situation der Operation rein gar nichts tun. Sie war ausgeliefert. Selbst wenn sie sich gewehrt hätte, was manche Kinder natürlich versuchen, sie schreien und schlagen um sich, hätte ihr das nichts genutzt.
>
> Gewöhnen sie sich ein Bewegungsprogramm an, z. B. könnten Sie regelmäßig joggen, walken, schwimmen. Falls Sie doch in Panik geraten, hilft es Ihnen, dann auf dieses Programm zurückzugreifen. Sie sind damit schon vertraut.
>
> Gehen Sie ähnlich vor wie bei der Angst, d. h. machen Sie sich bewusst, dass Sie jetzt hier in Sicherheit sind. Sagen Sie sich laut, wo Sie sind, wer mit Ihnen ist und um welche Zeit es sich handelt. Die Orientierung im Hier und Jetzt mag Ihnen simpel erscheinen, sie ist aber sehr wirksam.

Selbstmanagement und Selbstberuhigung

Grade bei Angst und Panik ist es wichtig, dass Sie so schnell wie möglich wieder die Fähigkeit zum Selbstmanagement und zur Selbstberuhigung aktivieren. Das Konzept des weisen Unbewussten kann Ihnen dabei helfen, davon auszugehen, dass jeder Mensch, auch wenn er noch so schlecht dran ist, über gesunde Anteile verfügt, auf die man zurückgreifen sollte. Von Goethe gibt es den Satz, »Wär' nicht das Auge sonnenhaft, die Sonne könnt' es nie erblicken.«

Trauen Sie sich viel mehr zu, als Sie es bisher gewohnt sind.

Sie bekommen auch Hilfe, wenn es Ihnen nicht ganz so schlecht geht. Gute ÄrztInnen und TherapeutInnen freuen sich mit Ihnen über Ihre Fähigkeiten.

Übrigens hat uns die Bindungsforschung darüber belehrt, dass Menschen lebenslang sichere Bindungen brauchen, um sich wohl zu fühlen und dass diese Bedürfnisse keinesfalls neurotisch sind. Holen Sie sich Hilfe, aber erlauben Sie sich trotzdem auch, auf Ihre innere Weisheit zu lauschen.

Gisela entdeckt ihre innere Weisheit

Sie ist eine viel jünger und mädchenhaft wirkende Frau Anfang 50, die einen sehr verzweifelten Eindruck macht. Ihre Panikzustände haben, so berichtet sie, im Laufe einer Therapie vor 10 Jahren begonnen, als sie sich eingehender mit ihrer Lebensgeschichte befasst hatte. Seither ringt sie mehr oder weniger stark um ihre Fassung. Sie hat auch einige stationäre psychiatrische Therapien hinter sich und jetzt eine Psychoanalyse, die aber bald beendet sein wird. Sie vermutet, dass es ihr in letzter Zeit deshalb so schlecht geht, weil sie häufig ihre Mutter besucht, die im Krankenhaus wegen einer beginnenden Alzheimer Erkrankung ist. Sie mache sich viele Sorgen, wie alles weitergehen soll.

Gegen Ihre Angst hilft ihr sich abzulenken. Wenn sie Sport treibt, geht es ihr besser. Manchmal hilft auch ein lustiger Film.

Durch die Behandlung entdeckt sie ihre innere Weisheit, die sie sich als eine Eule vorstellt. Die weise Eule hilft ihr, das Bild von zwei liebevollen alten Menschen zu finden, die ihr inneres Kind, das voller Angst und Panik ist, an die Hand nehmen.

Wenn die Therapie verdrängte Erinnerungen aufwühlt

Manchmal kommt es vor, dass es Ihnen während einer Therapie schlechter geht und dass dann dissoziative Phänomene zu beobachten sind.

So war das auch bei Gisela aus unserem Beispiel. Immer wenn sie begann, sich genauer zu erinnern, »ging sie weg«, wie sie selbst das nannte.

Das veranlasste uns zu der Vermutung, dass hier ein Traumahintergrund vorliegen könnte. Viele Menschen haben keine genaueren Erinnerungen an ihre Kindheit. Diejenigen, die »normale« konflikthafte Belastungen erlebt haben, sind aber in der Regel eher erleichtert, mehr über ihre Kindheit in Erfahrung zu bringen. Wenn Sie in einer laufenden Psychotherapie bemerken, dass Sie durch Fragen nach biografischen Ereignissen in Panik geraten oder dissoziatives Verhalten auftaucht oder beides, ist die Vermutung eines Zusammenhangs mit einem Trauma stets gerechtfertigt, aber nicht bewiesen.

Es könnte passieren, dass Sie während der Therapie oder nach der Therapie dekompensieren, d. h., dass es Ihnen viel schlechter geht. Die Dekompensation außerhalb der Therapie hat häufig aber mit etwas innerhalb der Therapie zu tun. Es kann sein, dass Ihre Schutzmechanismen nicht mehr so stabil sind, so dass Angst und Panik machendes Erinnerungsmaterial nahe ins Bewusstsein gelangt.

Gisela meint, sie sei schon immer ein schwieriger Mensch gewesen. An ihre Kindheit hat sie nur wenige Erinnerungen. Den Vater beschreibt sie als extrem gewalttätig, er war sogar wegen versuchten Totschlags längere Zeit im Gefängnis. Die Mutter erinnert sie stets als depressiv. Gisela tut sich schwer damit, Freunde zu finden. Sie scheint sich daran gewöhnt zu haben, es wie Amélie im Film »Die fabelhafte Welt der Amélie« zu halten: Versteck zu spielen und niemand an sich ran zu lassen. Zum Beispiel spricht sie manchmal tagelang kein Wort. Es fällt ihr einfach nichts ein, sagt sie. Sie fühlt sich oft ganz leer. Als sie sich schließlich doch auf einen Mann eingelassen hat, war das kurzfristig wunderbar, doch dann zog er sich zurück. Seither sind die Panikattacken da. Und wenn sie diese nicht mehr aushält, »geht sie weg.« Das geschieht jetzt allerdings auch schon, wenn sie nur befürchtet, sie könnte eine Panikattacke bekommen.

> **Tanja: Angst als Selbstschutz**
>
> Tanja sucht Hilfe, weil sie seit Tagen nicht mehr schläft und häufig Panikattacken hat. Sie kann nicht mehr alleine sein, eine Freundin ist zurzeit bei ihr. Es geht ihr schlecht, seitdem sie sich von ihrem Mann getrennt hat. Diese Trennung sei »absolut« notwendig gewesen und dennoch leidet sie ganz schrecklich unter dem Alleinsein.
>
> Sie erzählt, dass ihre Ehe ein Horror war. Ihr Mann hat sie »nach Strich und Faden« ausgebeutet und betrogen. Sie wusste, dass es gut gewesen wäre, sich zu trennen, aber sie hatte so viel Angst, dass sie es lange nicht geschafft hat. Nun, da es ihr so schlecht geht, fragt sie sich, ob sie nicht doch einen Fehler gemacht hat, sich zu trennen. Obwohl ihr der Kopf natürlich sagt, dass es richtig ist. Sie weiß, dass sie immer 150-prozentig alles richtig machen will. »Aber dann mache ich doch immer wieder alles falsch und bin sauer auf mich, dass ich es nicht schaffe.«
>
> Tanja findet heraus, dass sie sich mit ihren Ängsten davor schützt, nicht ganz in Verzweiflung zu versinken und sich selbst zu verlieren.

> **! Wichtig**
>
> Üben Sie sich bei Panik noch mehr darin, zu beobachten.
>
> Denken Sie daran, dass Sie mehr sind als Ihre jeweiligen Gefühle.
>
> Vertrauen Sie den Kräften der Selbstheilung und forcieren Sie nichts.

Panik als Schutz gegen Dissoziation (und Erinnern)

Es ist bekannt, dass Menschen sich mit »allem vor allem« schützen können. Ein weit verbreitetes Verhalten ist, sich vor Angst durch Aggression zu schützen oder auch das Umgekehrte. So kann man sich auch vor dissoziativen Phänomenen mit Angst und Panik schützen, auch wenn das absurd klingt. Es kommt nur darauf an, was jemand für das Schlimmere hält. Manchen scheint demnach Angst und Panik immer noch »leichter« aushaltbar als Derealisation und Depersonalisation.

Was tun bei Dissoziation?

Dissoziation bedeutet das Auseinanderhalten von Bereichen des Seelischen.

> **! Wichtig**
>
> Im deutschen Sprachraum ist das Interesse an Dissoziation und dissoziativen Störungen relativ neu. Im internationalen Vergleich hinken wir etwa um 10 Jahre hinterher. Das erste Lehrbuch zu diesem Thema von Fiedler stammt aus dem Jahr 1999. Dies bedeutet auch, dass viele Psychotherapeuten in Klinik und Praxis davon noch immer nicht genug verstehen.

Woran erkennen Sie, dass Sie dissoziieren?

Während eines Gesprächs werden Sie unerreichbar, Ihr Blick geht ins Leere oder wird starr, andere haben den Eindruck, Sie seien »wie weggetreten«. Viele Menschen reagieren auf solches Verhalten spontan, indem sie die andere Person laut ansprechen: »He, hörst du mir eigentlich überhaupt zu« oder so ähnlich.

Vielleicht ist es auch schon vorgekommen, dass Sie »wie aus heiterem Himmel« anfangen zu schreien oder ein anderes auffälliges Verhalten zeigen, insbesondere aggressives Verhalten und wären ebenfalls dann nicht mehr erreichbar bzw. Sie erscheinen anderen wie unerreichbar.

Schließlich könnte es auch geschehen, dass Sie sich quasi in einen anderen Menschen verwandeln. Andere würden Ihnen sagen, dass Sie einen veränderten Gesichtsausdruck, veränderte Gestik und Haltung, veränderte Sprache und Sprechweise haben. Sie würden häufig unter Kopfschmerzen leiden und hätten das Gefühl, in Ihrem Kopf gibt es Streit. Vielleicht beobachten Sie auch, dass Sie in Ihrem Tagebuch verschiedene Schriften finden und Sachen lesen, von denen Sie sicher sind, dass Sie sie nicht geschrieben haben.

Es könnte auch vorkommen, dass Sie erleben, wie Sie neben sich stehen, nichts fühlen, sich selbst und die Welt als fremd erleben, und dass Sie darüber so verzweifelt sind, dass sie am liebsten nicht mehr leben möchten, oder dass dieses Erleben Sie in Angst und Panik versetzt. Als dissoziatives Verhalten kann man auch Flashbacks betrachten. Dann klagen Menschen über sie bedrängende Bilder, Gefühle und auch andere Sinneswahrnehmungen, die sehr quälend erlebt werden.

Bei Flashbacks sind die Mandelkerne aktiviert, das so genannte »heiße Gedächtnis«. Damit verbundene Gefühle von Angst, Ohnmacht und Hilflosigkeit werden wieder erlebt wie in der früheren traumatischen Situation. Um diesen Erinnerungszuständen nicht hilflos ausgeliefert zu sein, ist es sinnvoll, die Auslöser zu identifizieren.

Die achtsame Wahrnehmung der Situation im »Hier und Jetzt« ermöglicht eine Unterscheidung von der früheren traumatischen Situation. Durch Realitätsprüfung kann man lernen, sich selbst zu beruhigen. Dissoziation kann gestoppt werden durch äußere Sinnesreize. Beispiele sind die Wahrnehmung des Bodenkontaktes, Kältereize (z.B. Eiswürfel, kaltes Wasser), körperliche Bewegung, Selbstmassage (z.B. mit Hilfe eines Igelballs) oder ein intensiver, aber nicht unangenehmer Duft.

Dissoziative Amnesie

Im Beispiel von Bella (s. S. 101) kann es sich um eine, wenn auch kurze amnestische Phase handeln. Vielleicht haben Sie gelernt, mit diesem Verhalten so umzugehen, dass Sie es verleugnen und bagatellisieren. Aber vielleicht hat Ihnen Ihre Umgebung schon häufiger rückgemeldet, dass Sie oft nicht »richtig« da sind. Sie selbst aber bemerken das eigentlich gar nicht richtig.

Bella dissoziiert beim Geruch älterer Männer

Für Bella, eine Frau Mitte 30, sind diese Zustände »des nicht richtig da seins« sehr unangenehm. Sie erlebt sie, wenn sie als Krankenschwester bestimmte ältere Männer, deren Geruch ihr unangenehm ist, waschen und pflegen muss. Kolleginnen haben sie darauf aufmerksam gemacht, dass sie manchmal fast automatenhaft wirkt. Sie selbst erzählt, davon nichts zu wissen. Das einzige, was sie weiß, ist, dass ihr der Geruch unangenehm ist. Sie hält ihr Verhalten für unpassend, denn das gehört ja nun mal zu den Aufgaben einer Krankenschwester und sie übt ihren Beruf gerne aus.

Obwohl Bella mit diesen Zuständen in letzter Zeit zunehmend Probleme hatte, kommt sie aktuell wegen Suizidgedanken und depressiven Verstimmungen in die Sprechstunde. Während der ersten Sitzung fällt ihr »Weggehen« rasch auf und wird von der Therapeutin angesprochen. Der Therapeutin war besonders aufgefallen, dass dieses Wegtauchen bei jeder Frage nach der Lebensgeschichte, insbesondere der Kindheit von Bella, geschieht. Die Therapeutin benennt ihre Beobachtungen und spricht auch von dissoziativem Verhalten, dessen Sinn sie dann auch sofort erklärt. Es trete auf bei Menschen, die extrem Belastendes erlebt hätten und würde dann leider bei einigen Menschen auch fortbestehen, auch wenn die unangenehme Situation nicht mehr gegeben sei. So werde das ursprünglich Sinnvolle zum Problem. Dem stimmt Bella zu und erwähnt, dass ihre Kindheit und Jugend bis zu dem Zeitpunkt, als sie mit 14 Jahren ins Internat gekommen ist, sehr gewaltsam gewesen sei. Sie weiß wenig Details, empfindet aber sofort Horror, wenn sie auch nur daran denkt. Sie will darüber nicht sprechen.

Im Weiteren erzählt Bella, dass sie Konflikten meist aus dem Weg geht.

Sie rechnet eigentlich fast ständig damit, von anderen angegriffen und abgelehnt zu werden, sie kann sich kaum vorstellen, dass ihr jemand wohlgesonnen ist.

> **! Wichtig**
>
> Es ist wichtig, sich klar zu machen, dass dissoziatives Verhalten bis hin zu dissoziativen Störungen zunächst eine Schutzfunktion hat, um körperlich und seelisch Unerträgliches aushaltbar zu machen. Später »triggern« dann Situationen, die in irgendeiner Weise an die belastende Situation erinnern, das dissoziative Verhalten. Dieses wiederum wird aber selbst zum Trigger, indem es Inhalte, die etwas mit dem Trauma zu tun haben, näher ins Bewusstsein bringt.

Selbstbeobachtung bei Dissoziation

Ziel ist die Wahrnehmung im Hier und Jetzt. Es geht dabei um die bewusste Selbstbeobachtung und Selbstwahrnehmung ohne Bewertung. Wenn Sie bei sich eine dissoziative Reaktion bemerken, wenn Sie also merken, dass Sie »abdriften«, Sie nicht mehr ganz da sind, Sie sich weniger spüren, dann versuchen Sie einen Moment innezuhalten. Mit Übung und vielleicht auch therapeutischer Unterstützung können Sie lernen, folgende Fragen zu beantworten:

- In welcher Situation habe ich mich befunden, bevor ich zu dissoziieren begann?
- Was habe ich körperlich und seelisch gerade gefühlt?
- Was ist das Letzte, woran ich mich erinnern kann?
- Ich wusste, dass ich dissoziierte, weil:
  - ich begann z. B. hin und her zu schaukeln, mich wie im Nebel zu spüren, Kopfschmerzen zu bekommen;
  - ich aufhörte z. B. zu sprechen, klar zu denken, Blickkontakt aufzunehmen;
  - ich anfing, mir Gedanken zu machen, dass ich sterben könnte, dass man den Menschen nicht trauen kann, dass ich nie etwas richtig mache.
- Was habe ich versucht zu vermeiden?
- Was hätte ich stattdessen tun können?

Wenn Sie im Verlauf der Zeit diese Fragen zunehmend beantworten können, können Sie dissoziatives Verhalten besser kontrollieren und haben mehr Steuerungsfähigkeit. Sie fühlen sich nicht mehr so hilflos und ausgeliefert.

Was Sie tun können, wenn Sie in dissoziative Zustände geraten

Folgende Beispiele können Ihnen helfen, sich zu »erden« und sich wieder im Hier und Jetzt zu orientieren:

- Machen Sie sich bewusst: »Dies ist ein dissoziativer Zustand«, er geht vorüber, wie alles andere auch.
- Machen Sie sich klar: Dieses Verhalten geschieht, weil es mich ursprünglich geschützt hat, jetzt brauche ich es nicht mehr, ich habe andere Möglichkeiten.
- Finden Sie eine Formel wie: »Ich bin jetzt erwachsen und sicher.« Sagen Sie diesen Satz laut zu sich selbst.
- Halten Sie Ihre Augen geöffnet und spüren Sie den Boden unter Ihren Füßen.
- Halten Sie ein Stofftier oder einen anderen für Sie angenehmen Gegenstand. Nehmen Sie diesen Gegenstand achtsam wahr.
- Aktivieren Sie sich durch etwas Kaltes (z. B. Eiswürfel oder fließendes kaltes Wasser über Hände, Arme oder Gesicht).
- Hören Sie beruhigende oder »erdende« Musik.
- Machen Sie sich den Unterschied klar zwischen damals und jetzt. Sagen Sie laut, welches Datum heute ist, wo Sie sich gerade befinden, wie alt Sie sind.
- Schaffen Sie sich einen »inneren sicheren Ort«, an den Sie sich in Ihrer Vorstellung begeben können.
- Atmen Sie bewusst. Nehmen Sie achtsam wahr, wie Sie ein- und ausatmen. Atmen Sie mit geöffneten Augen, konzentrieren Sie sich etwas mehr aufs Ausatmen.
- Machen Sie etwas, was Ihre Aufmerksamkeit erfordert und Ihre Sinne aktiviert: Lesen Sie oder betrachten Sie sich ein Bild, hören Sie Musik, berühren Sie einen Stein, riechen Sie den Duft einer Blume oder eines Aromaöles, schmecken Sie bewusst Rosinen, Sonnenblumenkerne oder etwas Würziges.
- Bewegen Sie sich: Gehen Sie spazieren, schütteln Sie sich aus, stampfen Sie mit den Füßen, tanzen Sie.
- Machen Sie etwas mit den Händen: Schreiben, Malen, Gartenarbeit, Puzzlen, Handarbeiten oder ähnliches.
- Nehmen Sie eine Dusche und konzentrieren Sie sich auf den Kontakt des Körpers mit dem Wasser.
- Haben Sie Mitgefühl mit sich selbst. Sie verdienen einen liebevollen Umgang mit sich selbst.

> - Sorgen Sie dafür, dass Sie sich mit Menschen umgeben, die Ihnen wohl tun und von denen Sie sich nicht bedroht fühlen.
> - Wenn Sie dessen sicher sind, können Sie sich sagen: Ich bin jetzt mit XX zusammen, ich weiß, dass er/sie es gut mit mir meint. Wenn ich jetzt dissoziiere, hat das mit alten Geschichten/Filmen zu tun. Ich bin jetzt in Sicherheit.
> - Stellen Sie sich vor, dass Sie alles, was Sie aus der Vergangenheit belastet, in einen Safe packen. Dort soll es Sie vorerst nicht mehr stören.
>
> Machen Sie sich klar, dass Sie das sehr oft wiederholen müssen, bis es sich in Ihr Gehirn eingräbt und quasi von selbst abläuft. Aber es wird irgendwann so sein.

Was Sie tun können, wenn Ihnen Gefühle Angst machen

Viele Menschen, die traumatische Erfahrungen gemacht haben, haben gelernt, dass es gefährlich ist zu fühlen. Daraus haben Sie abgeleitet – was meist unbewusst geschieht – dass es besser ist, gar nicht mehr zu fühlen.

Machen Sie sich daher bewusst, dass nicht zu fühlen ursprünglich ein Schutz war, den Sie würdigen sollten. Heute aber sind Sie erwachsen und deshalb können Sie lernen, nach und nach wieder Gefühle zuzulassen.

Es hilft Ihnen aber nicht, wenn Sie sich zum Fühlen und Gefühle haben zwingen.

Das ist Gewalt, die Sie gegen sich selbst wenden. Und Gewalt ist Gewalt, ob sie nun von außen oder von innen kommt.

Lassen Sie sich von niemand zwingen, Gefühle zuzulassen. Ihr Organismus weiß besser, was für Sie zu einem gegebenen Zeitpunkt geht und was nicht.

Erlauben Sie sich vielleicht, ein kleines bisschen zu fühlen und erfahren Sie, dass nichts Schlimmes geschieht. Das wird Ihnen Mut machen, nach und nach mehr Gefühle zuzulassen.

Was Ihr Körper braucht

Wenn Sie ein Trauma erlitten haben, dann hat Ihr Körper gelitten. Er kann nicht vergessen, außer Sie helfen ihm dabei, sich wieder sicher zu fühlen und Spannung und Angst, die er festgehalten hat, zu verwandeln.

Das gelingt am leichtesten, wenn Ihr Körper erleben kann, dass seine Bedürfnisse jetzt geachtet werden. Achten Sie daher genau auf Ihre Bedürfnisse.

Nehmen Sie sie ernst und machen Sie sich Gedanken, wie Sie sie erfüllen können.

- Sie helfen Ihrem Körper am wenigsten, wenn Sie ihn zu etwas zwingen.
- Ihr Körper braucht Bewegung.
- Vielleicht braucht Ihr Körper Ruhe, das ist oft erst dann möglich, wenn er sich ausreichend bewegen konnte.
- Finden Sie heraus, was Sie am liebsten tun möchten.
- Wenn Sie es herausgefunden haben: Tun Sie es, und wenn es Freude macht: Tun Sie es oft.
- Essen Sie Dinge, die Ihnen schmecken, und nehmen Sie sich Zeit fürs Essen.
- Finden Sie heraus, was sich gut anfühlt: Düfte, Klänge, Musik, Bilder. Tun Sie etwas damit: Hören Sie Dinge, die Ihnen Freude machen. Schauen Sie sich Schönes, Sie Erfreuendes an.
- Falls Sie damit etwas anfangen können: Gehen Sie in einen Sportverein oder in eine Gruppe, die Yoga macht, Qi Gong oder Vergleichbares.
- Egal, was Sie tun, es sollte Ihrem Körper wohl tun.
- Manche Menschen tun gerne einfache Dinge, wie z. B. Fenster putzen. Wenn Sie das Gefühl haben, dass Ihnen das hilft, tun Sie es.
- Das Wichtigste ist vermutlich, dass Sie etwas tun.

Hilfreicher Umgang mit Schmerzen

Da der Körper sich erinnert, haben Menschen nach Traumatisierungen häufig Schmerzen, die genau betrachtet Erinnerungen sind.

> **Ulrich leidet unter Migräne**
>
> Dieser Patient ist ein sehr erfolgreicher Geschäftsmann. Aber immer wieder legt ihn eine Migräne lahm. Häufig ist er auch über die Maßen gereizt und geht wegen Kleinigkeiten an die Decke. Er beschreibt sich selbst als ehrgeizig.
>
> Er berichtet davon, dass er in der Kindheit viel geschlagen und gedemütigt worden sei. Aber das sei doch normal, so etwas komme ja überall vor und er glaube nicht, dass ihm das geschadet habe.
>
> In der Therapie wird er nach und nach entdecken, wie sehr das Kind in ihm, das verletzt und gedemütigt wurde, noch präsent ist. Wohl unser aller Streben geht dahin, alles zu einem guten Ende zu bringen. So gesehen ist jedes Problem, das wir haben, ein Versuch, uns selbst zu heilen.

Es ist verständlich, dass Sie sich bei häufigen Schmerzen Sorgen machen, Ihr Körper könnte krank sein, daher ist es auch sinnvoll, sich einmal untersuchen zu lassen. Aber nicht andauernd. Damit erreichen Sie nichts.

»Sprechen« Sie mit Ihrem Körper. Sagen Sie ihm, dass Sie wissen, dass er Sie erinnern will, damit Sie alles zu einem guten Ende bringen.

Nehmen Sie sich einen Moment der Ruhe und der Stille, in dem Sie Ihren Körper fragen, was er jetzt in diesem Moment am meisten braucht. Geben Sie diesen Bedürfnissen nach.

Wie kann ich mit meiner Sucht umgehen?

Viele Ärzte und Psychotherapeuten wissen aus Erfahrung, dass Suchtpatienten traumatisierte Patienten sein können, jedoch wird dem Thema »Sucht und Trauma« in Deutschland bis jetzt wenig Aufmerksamkeit geschenkt. Auch in bedeutenden Lehrbüchern der Psychiatrie und Psychotherapie wird darüber nichts oder nur sehr wenig ausgesagt. An der Universität Hamburg forscht Professor Krausz seit Jahren mit seinen Mitarbeitern zu diesem Thema und kommt ähnlich wie der amerikanische Forscher Vincent Felitti zu dem Schluss, dass Traumatisierungen in der Kindheit Risikofaktoren für eine spätere Suchterkrankung darstellen.

> **Friedrich betäubt seine Traumaerinnerungen mit Alkohol**
>
> Friedrich hatte schon als Kind Selbstmordgedanken. Sein ganzes Leben litt er an Depressionen. Er hat Krieg, Flucht und Vertreibung als Kind erlebt. Er wurde extrem sadistisch erzogen. Der Vater war ein überzeugter Nazi und verlangte von seinen Kindern »hart wie Kruppstahl« zu sein. Ein der Familie nahe stehender Mann missbrauchte den Jungen von 3–6 Jahren. Als der Junge versuchte, dies seinen Eltern zu erzählen, wurde er als Lügner bezeichnet und zur Strafe schwer misshandelt. Später hatte er viele Konflikte mit Vorgesetzten, und deshalb hat er häufig seine Arbeitsverhältnisse »geschmissen«. Jetzt ist er Mitte 60.
>
> Mit 16 Jahren hat er angefangen Bier zu trinken und bald merkte er, dass er, wenn er betrunken war, sich besser fühlte und die quälenden Erinnerungen nachließen. So entwickelte er sich zum Spiegeltrinker, der nie massiv auffällig geworden war. Nun, im Alter, konnte er aber seinen depressiven Stimmungen immer weniger entrinnen und auch der Konsum von Alkohol brachte immer weniger Erleichterung. Dazu kamen jetzt Probleme mit dem Herzen, ein zu hoher Blutdruck und eine vergrößerte Leber, so dass ihm seine Ärzte dringend rieten, den Alkoholkonsum einzustellen.
>
> Friedrich hat einige Psychotherapien und Alkoholentzugsbehandlungen gemacht. Den Alkohol hat er jeweils nur kurzfristig aufgeben können. In den Psychotherapien war es überwiegend um seine Autoritätsprobleme gegangen, die Traumatisierungen erschienen ihm, je älter er wurde umso lebendiger. Sie aber waren bisher überhaupt nicht Gegenstand einer Therapie.

Sucht als Selbstheilungsversuch

Den Zusammenhang zwischen frühkindlichen Traumatisierungen und einer späteren Suchterkrankung hat der Südtiroler Dichter Norbert C. Kaser eindrucksvoll beschrieben. (Die Schreibweise wurde wie im Original belassen.)

»Der balg mußte heimlich auf großmutters befehl in brixen zur welt kommen & wurde bei den grauen schwestern belassen ... diese nonnen ließen mich tagelang in nassen windeln liegen bis mein kleiner hintern fleischig war & man mich nach kastelruth in pflege gab.«

Kurz vor seinem Tod mit nur 31 Jahren – er starb an einer alkoholbedingten Leberzirrhose – schrieb er das folgende Gedicht:

ich krieg ein kind
ein kind krieg ich
mit rebenrotem kopf
mit biergelben fueßen
mit traminergoldnen haendchen
& glaesernem leib
wie klarer schnaps
zu allem lust
& auch zu nichts
ein kind krieg ich
es schreiet nie
lallet sanft
ewig sind
die windeln
von dem kind
feucht & naß
ich bin ein faß

Dies ist ein bewegendes Beispiel für frühkindliche Vernachlässigung und deren psychische Folgen, die ebenfalls, ähnlich wie im Beispiel von Friedrich mit Alkohol zu »heilen« versucht wurden. Die Verwendung von Suchtmitteln kann als ein Selbstheilungsversuch verstanden werden. Norbert Kaser macht das sehr deutlich.

Neben diesen in der Kindheit traumatisierten Menschen gibt es auch den zu viel trinkenden Feuerwehrmann oder Polizisten, der die vielen Schreckensbilder, denen er im Laufe seiner Berufstätigkeit beggenen musste, zu »ertränken« versucht oder Menschen, die in schwere einmalige traumatische Ereignisse, z.B. Verkehrsunfälle, verwickelt waren und danach »wurde alles anders und nichts war mehr wie zuvor«.

Auch diese Menschen neigen oft dazu, mit Hilfe des Suchtmittels einen Ausweg zu suchen. Die Wörter Sucht und Suche haben vielleicht miteinander zu tun.

Daraus ergibt sich die Notwendigkeit, durch Therapie nicht zusätzlichen Stress zu verursachen. Es wird zu klären sein, ob die in erster Linie konfrontativen therapeutischen Verfahren bei Patienten mit Traumafolgestörungen und Sucht noch vertretbar sind. Das Wissen über traumatischen Stress und die klinische Erfahrung legen nahe, dass diese Vorgehensweisen ungünstig, wenn nicht sogar schädlich sind.

> **! Wichtig**
>
> Wenn Sie wissen, dass Sie traumatisiert sind, sollten Sie sich genau informieren, wenn Sie eine Behandlung Ihrer Sucht ins Auge fassen. Kliniken, die mit harten konfrontativen Methoden arbeiten, werden Ihnen vermutlich nicht helfen können.

Friedrichs Behandlung nach dem 3-Phasen-Modell

Friedrich wurde nach dem 3-Phasen-Modell der Traumatherapie behandelt. Zunächst wurde mit ihm an innerer Stabilität im Sinne von Selbstberuhigung und Affekttoleranz gearbeitet, erst danach erfolgte eine vorsichtig dosierte Auseinandersetzung mit den Traumata. Dabei wurde stets beachtet, dass der Patient seine erwachsene Kompetenz behielt, d. h. wir arbeiteten nach dem Motto: Zwei Erwachsene arbeiten an den Problemen des verletzten Kindes. Das bedeutet, dass einem funktionierenden Arbeitsbündnis viel Aufmerksamkeit gewidmet wurde. Die Einsicht, dass die inneren Spannungszustände, die jeweils mit Alkohol betäubt worden waren, mit dem verlassenen Kind in ihm zusammenhingen und wie er dieses Kind beruhigen konnte, führten zu einer eindrucksvollen Veränderung von Friedrich, dessen Suchtdruck dadurch erheblich nachließ.

Konkret wurde mit ihm an seinen Auseinandersetzungen mit Autoritätspersonen, die sich auch in der Klinik bald wiederholten, gearbeitet. Er wurde gefragt, ob er sich vorstellen könne, dass er hier etwas wiederhole, das ihm dazu diene, den Schmerz, den er als Kind gefühlt hatte, wenn der Vater ihn misshandelt habe bzw. der Freund der Familie ihn missbraucht habe, nicht zu fühlen. Als er dies bejahte, wurde ihm vorgeschlagen, sich diesen Jungen vorzustellen und ihn einzuladen, an einen guten, sicheren Ort mit ihm zu kommen. Das heißt, wir konzentrierten uns nicht auf seine Konflikte innerhalb der Klinik. Nach-

> dem Friedrich gelernt hatte, das Kind in sich zu beruhigen und zu trösten, konnten die frühen Traumata behutsam bearbeitet werden.
>
> Er teilte nach ca. einem Jahr brieflich mit, dass es ihm besser gehe und er nicht mehr getrunken habe, er wünschte sich eine weitere Aufnahme zur Bearbeitung weiterer traumatischer Erlebnisse, da seine Schlafstörungen noch nicht ganz verschwunden waren.

Bei in der Kindheit mehrfach traumatisierten Patienten und Patientinnen wird man immer davon ausgehen müssen, dass eine Behandlung längere Zeit in Anspruch nimmt. Die Berücksichtigung des traumatischen Stresses führt also nicht unbedingt zu verkürzten Behandlungszeiten, jedoch zu einer verbesserten Lebensqualität nach relativ kurzer Zeit.

Was Ihnen hilft, wenn Sie ein Suchtproblem haben

Wissen Sie etwas darüber, dass Sie traumatische Erfahrungen insbesondere in der Kindheit gemacht haben? Haben Sie schon einmal mit jemandem darüber gesprochen? Weiß Ihr Hausarzt davon und von Ihrer Sucht? Vielleicht haben Sie Angst davor oder Sie schämen sich, über dies alles zu sprechen. Das ist Ihr gutes Recht.

Vielleicht könnte es aber einen Versuch wert sein, sich einmal anzuvertrauen, ohne dass Sie dies vertiefen. Vielleicht so, als wäre es die Geschichte von jemand anderem. Tatsächlich sind Sie ja heute ein anderer Mensch. Sie sind erwachsen. Dennoch lebt in Ihnen dieses verletzte Kind weiter und möchte vielleicht wahrgenommen werden.

Sie können auch versuchen, sich zunächst innerlich in eine beobachtende Position zu begeben, etwas, was jeder Mensch kann und ohnehin, wenn auch meist nicht bewusst, tut. Aus dieser beobachtenden Position heraus können Sie dann Ihre Geschichte erzählen. Auf keinen Fall sollten Sie sich zwingen, möglichst emotionsgeladen über die belastenden Ereignisse zu erzählen. Damit ist die Gefahr der Retraumatisierung allzu groß.

Vielleicht waren Sie schon einmal in einer Gruppe, in der der Vorwurf erhoben wurde, Sie seien nicht genügend »offen«. Dabei werden Ihre besonderen und notwendigen Schutzmechanismen ignoriert und dagegen sollten Sie sich verwahren. Eine solche Gruppe tut Ihnen sehr wahrscheinlich nicht gut.

Hilfe bei Selbsttötungsgedanken und -versuchen

Aus der Traumaforschung ist bekannt, dass so gut wie jeder Patient mit einer Traumafolgestörung irgendwann im Leben Selbsttötungsgedanken hatte und auch Selbsttötungsversuche durchgeführt hat. Unsere klinische Erfahrung bestätigt das. Einem oft unerträglich erscheinenden Leben ein Ende bereiten zu können, scheint für viele eine tröstliche Vorstellung.

- Häufig tritt am schnellsten Entlastung durch Psychopharmaka ein, und wir bitten Sie, diese nicht abzulehnen.
- Suchen Sie daher ärztliche Hilfe.
- Wie steht es um Ihre äußere Sicherheit? Es gilt, erst äußere Sicherheit, dann alles Weitere. Wer kann Ihnen dabei helfen?
- Suchen Sie Hilfe, geben Sie bitte nicht auf.
- Fragen Sie sich, ob es einen Teil gibt, der sterben will und einen anderen, der leben will. Was braucht der Teil, der sterben will, damit er zu leben bereit ist?
- Versuchen Sie, für den Teil, der sterben will, einen guten Ort in der Vorstellung zu schaffen.
- Stärken Sie die Teile, die leben wollen.
- Nehmen Sie sich vor, dass Sie das wenigstens für gewisse Zeit versuchen wollen und prüfen Sie dann, wie es um Ihre Selbstmordgedanken steht.

Verletzten Sie sich selbst?

Selbstverletzung ist insbesondere bei Menschen, die in der Kindheit traumatisiert wurden, häufig. Leider ist Selbstverletzung heutzutage auch so etwas wie eine Mode und daher ist auch nicht jedes selbst verletzende Verhalten ein Zeichen für ein zugrunde liegendes Trauma. Es ist auch wichtig zu wissen, dass es Selbstverletzungen schon immer gegeben hat, z. B. waren sie früher – und manchmal auch heute noch – religiös motiviert.

Selbstverletzung kann dazu dienen, sich von innerem Druck zu entlasten. Ein berühmtes literarisches Beispiel ist die »Klavierspielerin« von Elfriede Jelinek. Hier handelt es sich um eine junge Frau, die in einer emotional missbräuchlichen Beziehung mit ihrer Mutter lebt, aus der sie sich nicht befreien kann. Jelinek beschreibt sehr eindrucksvoll, wie die junge Frau, wenn sie das Blut fließen sieht oder sich Schmerz zufügt, wieder zur Ruhe kommt.

Selbstverletzung nimmt vorübergehend den Druck

Das erscheint paradox. Jedoch lässt sich dieses Verhalten auf verschiedene Weise verstehen und erklären. Zum Beispiel kann es einfacher sein, sich selbst Schmerz zuzufügen, weil man dabei immer noch die Kontrolle hat, als sich Schmerz zufügen zu lassen. Die Sehnsucht der Klavierspielerin nach einer einfühlsamen Mutter wurde nie befriedigt, so dass man sich vorstellen kann, dass in ihr dieses vernachlässigte Kind weiterlebt und dauernd auf Liebe hofft. Von diesem Druck entlastet sich die Erwachsene dadurch, dass sie sich selbst weh tut. Natürlich hilft das immer nur vorübergehend. Weil es aber vorübergehend entlastet, kann daraus geradezu etwas Süchtiges entstehen.

Behandlungsvertrag schließen

Wenn Sie unter selbst verletzendem Verhalten leiden, ist oft der erste Schritt, dass Sie mit sich und gegebenenfalls Ihren Behandlern einen Vertrag schließen, dass Sie sich nur noch leicht verletzen. Meist kann dieses Verhalten erst dann aufgegeben werden, wenn man andere, bessere Entlastungen für sich gefunden hat. Wir empfehlen für den Fall einer zugrunde liegenden kindlichen Traumatisierung die Arbeit mit dem inneren Kind.

Das innere Kind an einen guten Ort bringen

Wäre z. B. die Klavierspielerin unsere Patientin, würden wir ihr vorschlagen, sich das Kind, das sich so sehr Liebe und Verständnis von der Mutter wünscht, vorzustellen. Dann würden wir sie einladen, sich vorzustellen, dass dieses Kind an einen guten, schönen Ort gebracht wird und dort liebevoll versorgt wird. Diese Imagination hilft sehr vielen Menschen. Unsere Vorstellungskraft ist wirklich ein Wundermittel. Wenn wir uns etwas vorstellen, ist es beinahe so, als würde es jetzt geschehen. Daher haben solche Imaginationen eine heilsame Wirkung.

Leiden Sie unter einer Essstörung?

Essstörungen sind nicht immer mit Traumatisierungen in Verbindung zu bringen, dies scheint insbesondere für die Magersucht zu gelten, während bei der Bulimie häufiger auch Traumatisierungen eine Rolle zu spielen scheinen. In unserer Klinik behandeln wir sehr viele Patientinnen mit Essstörungen, die eindeutig mit frühen Traumatisierungen zusammenhängen, es gibt aber auch Essstörungen, die andere Ursachen haben.

Möglichkeiten der Selbsthilfe bei Essstörungen:

- Machen Sie sich klar, dass Sie mehr sind als Ihr Essproblem
- Gewöhnen Sie sich an, achtsamer zu werden. Beginnen Sie mit alltäglichen Dingen, wie z. B. Eincremen oder Kämmen, indem Sie dies sehr achtsam tun. Später können Sie dann dazu übergehen, achtsam zu essen. Betrachten Sie das, was Sie essen zunächst ganz achtsam. Nehmen Sie dann jeden Bissen achtsam in den Mund und kauen Sie achtsam und möglichst jeden Bissen bis zu 20-mal. Nehmen Sie dann achtsam wahr, dass Sie den Bissen schlucken.
- Nehmen Sie sich Zeit, sich vorzustellen, wo die einzelnen Bestandteile Ihres Essen herkommen. Stellen Sie sich vor, wer alles damit zu tun hatte, dass Sie diesen Bissen zu sich nehmen können.
- Seien Sie freundlich mit sich.
- Fragen Sie sich, wer hat das Problem, die erwachsene Person oder das Kind.
- Kümmern Sie sich um Ihr inneres Kind, falls das Problem mit ihm zu tun hat.

Für Ursula war Essen immer ein Kampf

Ursula ist eine schöne, junge Frau, die zum Zeitpunkt der Aufnahme in die Klinik stark untergewichtig ist, aber grade noch so viel Gewicht hat, dass wir sie überhaupt behandeln können. Wäre ihr Gewicht noch geringer, hätte sie zunächst einmal in einer internistischen Klinik behandelt werden müssen.

Als sehr kleines Kind musste sie wegen eines Herzfehlers operiert werden und war monatelang im Krankenhaus. Die Eltern, die geschäftlich sehr beansprucht waren, besuchten sie fast nie. Sie dachten, das sei sowieso besser, die Kleine würde nur traurig, wenn sie wieder gehen würden.

Nach dem Krankenhausaufenthalt war Ursula völlig verändert. Sie klammerte sich extrem an die Mutter, war sehr ängstlich und musste zum Essen gezwungen werden. Aus ihrer heutigen Sicht war Essen immer ein Kampf. Man könnte sagen, dass Ursula mit Hilfe des Essens ihren Kampf zwischen Nähe und Autonomiewünschen gekämpft hat. Sie brauchte die Mutter so sehr und doch wollte sie auch schon früh selbstständig sein.

In der Therapie haben wir erst einmal beide Wünsche gewürdigt, denn beide sind berechtigt. Auch hier ging es wieder darum, dass das verletzte Kind in Ursula endlich bekam – natürlich mit Hilfe der Imagination –, was sie sich schon immer gewünscht hatte: Fürsorge, Verständnis für den Schmerz der Einsamkeit im Krankenhaus, Trost und Mitgefühl. Aber auch einen guten Ort, an dem sie spielen konnte und liebevoll versorgt war. Die Erwachsene übernahm die Verantwortung für sich selbst, was ihr Essverhalten anging, wir ließen sie diesbezüglich in Ruhe, jedoch verpflichtete sie sich, ein Mindestgewicht nicht zu unterschreiten und sogar etwas zuzunehmen. Dazu wurde sie in unregelmäßigen Abständen gewogen.

Dadurch, dass Ursula sich selbst und den verletzten Teil in sich besser verstand, war es ihr möglich, ihr Essverhalten weniger als Ausdruck ihres Bedürfnisses nach Autonomie einzusetzen. Sie lernte sich auf andere Art abzugrenzen, aber auch mehr für sich einzutreten, wenn es um Bedürfnisse nach Nähe und Geborgenheit ging. Manchmal konnte sie zu einer Mitpatientin sagen, nimm mich doch bitte mal in den Arm. So etwas wäre ihr früher nicht in den Sinn gekommen, obwohl sie sich schon immer danach gesehnt hatte.

Antworten auf häufig gestellte Fragen

Im Folgenden beantworten wir wichtige Fragen, die traumatisierte Menschen und ihre Angehörigen häufig beschäftigen.

Wie kann ich verhindern, dass ich eigene Traumatisierungen weitergebe?

Gerade Eltern beschäftigt die Frage, inwieweit sie Ängste, Misstrauen, Schuldgefühle oder Vermeidungsverhalten auf ihre Kinder übertragen.

Hilfreich sind dabei eine gute Selbstwahrnehmung des eigenen Verhaltens und die Realitätsüberprüfung. Wenn Sie bei sich selbst etwas als Störung wahrnehmen, kann ein offener Umgang gegenüber vertrauten Menschen entlastend sein. In Abhängigkeit vom Alter des Kindes können Sie erklären, wie es Ihnen gerade geht, welche Ängste Sie haben, warum Sie sich zurückziehen möchten, was Sie gerade brauchen usw. Wenn Sie z. B. merken, dass Sie reizbar oder gedrückt sind, sprechen Sie es aus. Machen Sie Ihrem Kind gleichzeitig klar, dass es für Ihren Zustand nicht verantwortlich ist und keine Schuld daran hat. Lernen Sie Ihre Bedürfnisse kennen, wenn es Ihnen schlecht geht, und teilen Sie diese mit. Damit ersparen Sie Ihren Angehörigen Gefühle von Schuld oder Hilflosigkeit, die deutlich belastender sind, als Sie mit Ihren jeweiligen Gefühlen anzunehmen. Holen Sie sich therapeutische Unterstützung. Sie übernehmen damit Verantwortung für sich selbst, was für Ihre sozialen Beziehungen ein gutes Modell ist. Sich Hilfe holen können ist eine Fähigkeit und keine Schwäche.

Wann soll ich therapeutische Hilfe suchen?

Nicht jedes traumatische Erlebnis führt zur Traumatisierung. So kann der Tod einer nahe stehenden Person oder die Diagnose einer schweren körperlichen Erkrankung in einem stabilen und unterstützenden sozialen Umfeld nach einer gewissen Zeit verkraftet werden. Eine akute Belastungsreaktion klingt nach Tagen, spätestens nach Wochen ab. Die Trauerarbeit nach Verlust einer wichtigen Bezugsperson braucht Zeit, unter Umständen sogar Jahre. Der Begriff »Trauerarbeit« beinhaltet eine Verarbeitung des Verlusterlebnisses.

Kommt es allerdings anhaltend zu sozialem Rückzug, Antriebsmangel und Interessenverlust, ist eine therapeutische Begleitung sicher sinnvoll. Wenn Personen in helfenden Berufen viel Leid miterleben, können sich neben den Symptomen eines »Burnout« (körperlicher und seelischer Erschöpfungszustand) durchaus auch sekundäre Traumatisierungen einstellen. Wer wiederholt Zeuge von traumatischen Ereignissen ist (z. B. Polizisten, Feuerwehrleute, Rettungssanitäter, Pflegekräfte), kann – auch verzögert – eine posttraumatische Belastungsreaktion entwickeln Manchmal ist es dabei der berühmte letzte Tropfen (z. B. ein Konflikt oder eine körperliche Beeinträchtigung), der das Fass zum Überlaufen bringt. Zur persönlichen Entlastung und zur Vorbeugung sind für gefährdete Berufsgruppen von den Arbeitgebern organisierte regelmäßige Supervisionen durch entsprechend geschulte externe Kräfte sinnvoll. Diese ersetzen jedoch nicht eine ambulante Psychotherapie, wenn sich bereits Traumafolgestörungen (z. B. Wiedererleben traumatischer Ereignisse, Schlafstörungen, erhöhte Reizbarkeit, Depression, Ängste, Substanzmissbrauch) zeigen.

Woran erkennt man eine gute Traumatherapeutin?

Achten Sie in den ersten fünf »Proberterminen«, den so genannten probatorischen Sitzungen, darauf, ob Sie sich angenommen und wohl fühlen. Die Therapeutin hat die Möglichkeit, sich ein Bild von der vorhandenen Störung zu machen. Stimmt die »Chemie« zwischen Patientin und Psychotherapeutin, kann ein gemeinsames Arbeitsbündnis mit der Festlegung von realistischen Therapiezielen geschlossen werden.

Psychotherapie wird von Ärzten und Psychologen mit psychotherapeutischer Zusatzqualifikation durchgeführt. Die entsprechende Weiterbildung erfolgt an einem staatlich anerkannten Institut, die Bezeichnung »Psychotherapie« ist deshalb geschützt. Für die Bezeichnung »Traumatherapie« gibt es bisher noch keine vergleichbaren Richtlinien. Das heißt, wer Psychotherapie gelernt hat, ist deshalb noch lange nicht für Traumatherapie qualifiziert.

Sie selbst können sich nach den ersten Probesitzungen folgende Fragen stellen:

- Fühle ich mich angenommen und ernst genommen?
- Traue ich mich zu fragen und bekomme ich befriedigende Antworten?
- Gibt mir die Therapeutin ein Gefühl von Sicherheit?
- Fühle ich mich nach den ersten Gesprächen zuversichtlicher?
- Konnte ich mich mit der Therapeutin auf klare Therapieziele einigen?
- Habe ich die Vorgehensweise der geplanten Therapie verstanden?

Wenn Sie diese Fragen bejahen können, kann sich eine tragfähige therapeutische Beziehung entwickeln.

Die Therapeutin können Sie fragen:

- Haben Sie Erfahrung mit traumatisierten PatientInnen?
- Welchen Eindruck haben Sie von mir?
- Können Sie sich vorstellen, mit mir zusammenzuarbeiten?

Eine gute Therapeutin wird offen auf Ihre Fragen eingehen und auch Ihre Grenzen aufzeigen.

Bin ich verrückt, wenn ich eine dissoziative Störung habe?

PatientInnen mit dissoziativen Störungen beschäftigt oft die Frage: Bin ich verrückt?

Die klare Antwort lautet: Nein. Grund für diese Frage ist die große Unsicherheit, was mit einem los ist. Häufig haben PatientInnen auch die Erfahrung gemacht, dass Ihre Beschreibungen als Psychose eingeordnet wurden. Eine Psychose zeichnet sich dadurch aus, dass der Bezug zur Wirklichkeit verloren geht. Eine Psychose führt in der Regel zur Einweisung in die Psychiatrie und zur Behandlung mit entsprechenden Medikamenten (z. B. Neuroleptika). Die Schizophrenie ist eine Psychose, bei der unter anderem das Hören von Stimmen vorkommen kann. Betroffene erleben diese Stimmen als von außen kommend, sie können hören, wie diese Ihnen z. B. Befehle erteilen. Für einen schizophrenen Patienten im psychotischen Schub geht der Realitätsbezug verloren.

Patienten mit dissoziativen Störungen berichten oft von Stimmen im Kopf, einem inneren Chaos oder inneren Dialogen. Sie hören keine Stimmen von außen, der Bezug zur Realität bleibt erhalten oder ist mit der Orientierung im Hier und Jetzt wieder herstellbar. Dennoch ist die Abgrenzung nicht immer ganz klar und erfordert manchmal eine eingehendere Diagnostik. Es kann natürlich auch vorkommen, dass Patienten mit Traumafolgestörungen psychotisch werden, dies ist aber nicht die Regel.

Wie gehe ich mit Gewaltphantasien um?

Traumatische Erfahrungen sind verbunden mit Gefühlen von Ohnmacht, Ausgeliefertsein, Hilflosigkeit und Angst. Wiederholte und andauernde Traumatisierungen können dazu führen, dass neben den Gefühlen der Opferseite auch Gefühle und Verhaltensweisen der Täterseite erlebt werden. Die zeitweise Übernahme der Sichtweise des Täters kann Teil einer Überlebensstrategie sein, um der Ohnmacht etwas entgegensetzen zu können.

> ### Die Entführung von Reemtsma
>
> Reemtsma brachte einen Monat mit seinen Entführern in einem Keller zu, nicht wissend, ob er lebend wieder herauskommen würde. Seine Erfahrungen beschrieb Reemtsma in seinem Buch »Im Keller«, was ihm auch bei der Verarbeitung des Traumas half. In der traumatischen Situation bekam Reemtsma die Lösegeldverhandlungen mit seiner Familie aus der Sicht der Täter mit. Fehlversuche bei der Lösegeldübergabe lösten bei ihm Wut auf seine Familie aus. Reemtsma stellte sich, ohne dass er das wollte, zeitweise auf die Seite der Täter und war ihnen auf diese Weise nicht mehr so ausgeliefert.

Aus Gewalterfahrungen können sich Gewaltphantasien entwickeln. Wichtig ist zunächst, diese nicht noch zu nähren, z.B. durch das Anschauen von Horrorfilmen. Der Angst vor Kontrollverlust können Sie begegnen, in dem sie sich – auch mit therapeutischer Unterstützung – zuerst die beschriebenen Zusammenhänge klar machen. Realität ist außerdem, dass zwischen Gewaltphantasien und tatsächlichen Taten ein »gewaltiger« Unterschied besteht. Stellen Sie sich die Frage, ob Sie tatsächlich befürchten müssen, gewalttätig zu werden, oder ob sich diese Gedanken in regelrecht zwanghafter Weise immer wieder aufdrängen. Holen Sie sich dabei therapeutische Unterstützung. Wenn Sie darüber sprechen können, nehmen Sie Ihren Phantasien schon viel Macht. In der Therapie können Sie Techniken lernen, um mit überwältigenden und Angst auslösenden Gedanken und Gefühlen besser umgehen zu lernen. In aller Kürze seien hier die »Tresorübung« oder die Gestaltung eines »Wutraumes« genannt.

Tresorübung: Stellen Sie sich vor, Sie hätten einen Tresor oder einen Safe. wenn Sie etwas belastet, können Sie es nun in der Vorstellung dort hinein packen. Gefühlen und Gedanken geben Sie zunächst eine Form, z.B. die eines Würfels oder Balls, damit Sie sie wegpacken können.

Der Wutraum: Stellen Sie sich vor, Sie hätten einen eigenen Raum für Ihre Wut. Wie sollte dieser Raum beschaffen sein? Was brauchen Sie dort alles, um Ihrer Wut Ausdruck zu verleihen? Vielleicht einen Boxsack? Oder dicke Telefonbücher, die Sie zerreißen. Dies könnten Sie dann auch konkret umsetzen, d.h. Sie besorgen sich Telefonbücher zum Zerreißen, wenn Sie viel Wut haben. Prüfen Sie bitte auch, ob sich hinter Ihrer Wut etwas anderes verbirgt, oft Ohnmacht. Dann nützt Ihnen das Ausleben der Wut nicht viel, sondern es wird notwendig sein, sich mit dem hinter der Wut liegenden Gefühl zu beschäftigen.

Trauma und Partnerschaft

Eine Traumatisierung wirkt sich fast immer auch auf die eventuell bestehende Partnerschaft aus. Nachfolgend beantworten wir daher die drei Fragen: Wie sollten Sie sich verhalten, wenn Sie und auch Ihr Partner traumatisiert sind? Was müssen Sie wissen, wenn Ihr Partner nicht betroffen ist? Und was empfehlen wir, falls Ihr Partner selbst der Täter ist?

Was tun, wenn beide Partner traumatisiert sind?

Es empfiehlt sich auf jeden Fall, gemeinsame Gespräche zu führen unter Begleitung einer vertrauenswürdigen Person oder auch professioneller Begleitung. Wenn Sie eine Therapie machen wollen, sollten die gemeinsamen Gespräche die Einzeltherapien beider begleiten.

Es kann schwierig werden, wenn ein Teil – meist die Frau – in Therapie geht (Frauen leiden häufiger an Intrusionen und sind möglicherweise deshalb eher bereit zur Psychotherapie), der andere – meist der Mann –, der eher konstriktiv dicht macht und daher scheinbar besser klar kommt, Therapie ablehnt.

Häufig lehnen die konstriktiven Partner es dann ab, sich mit den Nöten des anderen zu befassen, da sie spüren, dass dies ihr Gleichgewicht bedroht. Sie sollten sich beide klar machen, dass sowohl das intrusive wie das konstriktive Verhalten sinnvoll sind, denn beides dient letztlich dem Überlebensschutz.

Vielleicht gelingt es Ihnen miteinander zu sprechen, warum Ihnen das eine bzw. das andere hilfreich erscheint. Es wird Ihnen helfen, sich gegenseitig besser zu verstehen.

Machen Sie sich klar, was Sie bereits füreinander getan haben und überlegen Sie, ob Sie das intensivieren können.

Ziehen Sie möglichst oft – gegebenenfalls täglich Bilanz, was Ihnen aneinander heute gefallen und gut getan hat.

Es kann für eine Weile sinnvoll sein, Konflikten bewusst aus dem Weg zu gehen, bis Sie wieder stärker sind, sich Konflikten zu stellen. Schauen Sie nach dem, was gelingt.

Es kann hilfreich sein, die Traumatisierungen zu benennen, so dass die/der andere davon weiß. Vertieft in die Traumata einzusteigen, ist in aller Regel nicht hilfreich.

Wenn Sie beide gleichzeitig eine traumatische Erfahrung gemacht haben, z. B. durch den Verlust eines Kindes, sollten Sie gemeinsam sehr auf »äußere Sicherheit« achten. Wie können Sie Ihr äußeres Leben so gestalten, dass es Ihnen damit gut geht, so dass Sie gerade dadurch die Möglichkeit haben, Zeit und Raum für Ihre inneren Prozesse zu finden?

Was tun, wenn »nur« ein Partner betroffen ist?

Informationen über Trauma, Traumacoping und Traumafolgen sind sehr zu empfehlen. Der nicht traumatisierte Partner wird dann vieles, was ihm befremdlich erscheint, besser verstehen können.

Es wird Ihrem Partner aber nicht immer möglich sein, alles zu verstehen, was Sie belastet und wie Sie damit umgehen. Menschen, die keine traumatischen Erfahrungen gemacht haben, können sich einfach nicht vorstellen, was das bedeutet.

Wenn Sie sexuell traumatisiert sind, kann es notwendig sein, dass Sie für eine Weile Abstinenz von sexueller Aktivität einhalten, das heißt aber nicht Abstinenz von Zärtlichkeit. Es sollte aber ganz klar sein, dass Zärtlichkeit ohne Sexualität stattfindet.

Anerkennen Sie, dass das für Ihre Partnerin/Ihren Partner nicht immer einfach ist.

Was tun, wenn Ihr Partner/Ihre Partnerin Sie aktuell traumatisiert?

- Prüfen Sie die Frage einer Trennung.
- Aus welchen Gründen bleiben Sie in der Partnerschaft?
- Würden Sie Ihrer besten Freundin ebenfalls raten, in einer solchen Beziehung zu bleiben?
- Fragen Sie sich, wer bleiben will? Die erwachsene Person oder das Kind in ihr, das Angst hat, verlassen zu sein, mutterseelenallein.

- Hat Ihr Partner/Ihre Partnerin möglicherweise selbst eine Traumageschichte?
- Ist er/sie bereit, in Therapie zu gehen?
- Fragen Sie sich, wie lange kann ich das aushalten? 1 Jahr, 10 Jahre, bis ans Ende meines Lebens?
- Wie wird das für mich sein, wenn ich es noch so und so lange aushalte? Was wird aus mir werden?
- Möchte ich das?
- Selbstverständlich ist es Ihr Recht, in einer gewalttätigen Beziehung zu bleiben. Niemand kann Ihnen das verbieten. Aber es ist wichtig, dass Sie sich klar sind, was das für Sie bedeutet.

Wir achten Menschen, die aus meist für andere nicht nachvollziehbaren Gründen in Beziehungen bleiben, die ihnen weh tun. Das kann sehr viel mit Treue und Loyalität zu tun haben. Es kann aber auch mit Angst zu tun haben und vielleicht finden Sie Wege, mutiger zu werden, wenn Sie das wollen.

Wenn Sie es wollen, empfiehlt es sich, Rat und Hilfe beim Frauennotruf oder einer Frauenberatungsstelle zu suchen, wenn Sie eine Frau sind. Wenn Sie ein Mann sind, können Sie sich an ein Männerbüro wenden.

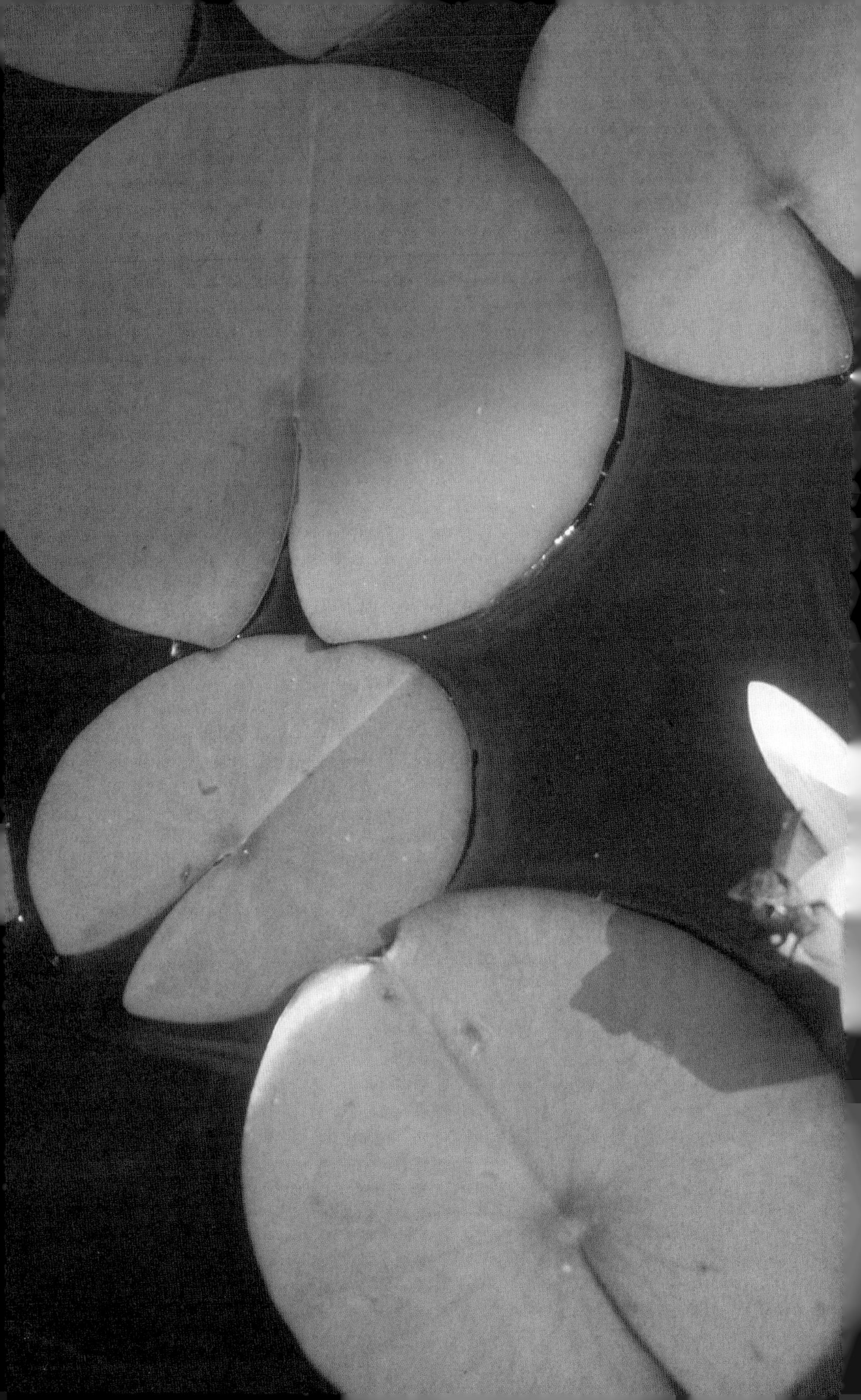

Wieder gesund werden – Was Sie für sich tun können

Wir wollen Ihnen Mut machen. Finden und nutzen Sie Ihre Ressourcen. Entdecken Sie, wie kraftvoll Vorstellungen sind und probieren Sie aus, wie wohltuend eine heilsame Geschichte sein kann. Wie, lesen Sie hier.

Nutzen Sie Ihre Ressourcen

Ressourcen sind Kraftquellen. Dazu können persönliche Neigungen, Talente, Fähigkeiten und Hobbys, aber auch Sozialkontakte, Familie, Wohnung und Beruf gehören. Alles, was Ihnen langfristig gut tut, kann Sie stabilisieren. Auch der Alltag mit einer sich wiederholenden Tagesstruktur kann eine Ressource sein und Sicherheit vermitteln. Wenn es Ihnen gelingt, Verpflichtungen und Anstrengungen mit Entspannung und angenehmen Aktivitäten zu verbinden, können Sie Ihre Stresstoleranz und Belastbarkeit verbessern.

Ressourcen sind umso besser verfügbar, je häufiger sie eingeübt worden sind. Je mehr Ressourcen vorhanden und je besser sie abrufbar sind, umso größer ist ihre Schutzwirkung und Unterstützung.

> ### Erstellen Sie Ihre persönliche Ressourcenliste
>
> Um Ihre Ressourcen verfügbar zu machen, empfehlen wir eine Liste mit den für Sie angenehmen Aktivitäten. Folgende Beispiele sind als Anregung gedacht, Ihre persönliche Liste soll ganz individuell auf Ihre Bedürfnisse und Möglichkeiten abgestimmt sein.
>
> Mögliche Ressourcen, die Ihnen helfen können, Ihr Leben in positiver Weise zu gestalten oder Schwierigkeiten zu meistern:
>
> - bewusste Wahrnehmung der Natur
> - Bewegung
> - Musik
> - Literatur
> - Kreativität (z. B. Malen, Handarbeiten, Basteln etc.)
> - Schöne Erinnerungen
> - Reisen
> - Kochen/Backen
> - Geselligkeit
> - Lachen (Was bringt Sie zum Lachen?)
>
> Welche persönlichen Ressourcen stehen Ihnen zur Verfügung, wenn Sie Ihr gegenwärtiges Leben betrachten?

Nutzen Sie Ihre Ressourcen

Im Folgenden möchten wir Ihnen zunächst eine allgemeine Einführung zur Ressourcenorientierung geben und danach wollen wir Ihnen verschiedene Möglichkeiten aufzeigen, die Sie teils alleine nutzen können, von denen Sie teils aber auch eher mit professioneller Hilfe profitieren.

Was kann man unter Ressourcenorientierung verstehen?

Wir können Traumatisierungen nicht vollständig aus unserem Leben entfernen. Was wir tun können ist, unsere Widerstandskräfte zu stärken.

Manche traumatisierte Menschen sind häufig so überwältigt worden von leidvollen Erfahrungen, dass ihre Möglichkeiten, diese in irgendeiner Weise als zu ihnen gehörig zu integrieren oder anzunehmen, bei weitem überfordert waren, selbst wenn sie eine ganze Reihe von Selbstheilungsmechanismen zur Verfügung hatten.

In der buddhistischen Psychologie heißt es, dass Leiden dadurch vermehrt wird, wenn wir das Leiden, das das Leben mit sich bringt, nicht akzeptieren. Nun ist aber das extreme Leid und Leiden traumatischer Erfahrungen gerade so beschaffen, dass es schier unerträglich erscheint. Viel Weisheit, vieles an Kunst hat seine Wurzeln in leidvollen Erfahrungen.

Es ist wichtig, einen Unterschied zwischen Angstmachendem und Dissonanzen des Lebens und den überwältigenden Erfahrungen von traumatischen Erlebnissen zu machen. Diese können einen zutiefst erschüttern und aus den Angeln heben. Es gibt Menschen, für die traumatische Erfahrungen Wachstumschancen beinhalten, aber manche zerbrechen fast daran. Sie kämpfen Tag für Tag ums Überleben.

Traumatisierte PatientInnen mit schweren Traumafolgestörungen sind manchmal gefangen im Leidvollen. So möchten wir Sie ermutigen, ein Bewusstsein für Polarität und damit der Ganzheit von Leid und Freude zu entwickeln, damit Sie wieder in der Lage sind zu wählen, wo Sie sich aufhalten wollen, um die Wechselfälle des Lebens anzunehmen: Ganz im Leiden oder mal mehr in der Freude, mal auch im Leid.

Hier liegt unseres Erachtens eine wesentliche Domäne der Ressourcenorientierung. Kennt man die eigenen Ressourcen, kann man sie zur Stärkung der Widerstandskräfte gezielt einsetzen.

Versuchen Sie, selbstbestimmt zu leben

Es ist bekannt, dass Menschen, wenn sie sich selbst bestimmt fühlen, leichter lernen und offener sind für neues. Da eine Psychotherapie eine neue Lernerfahrung darstellt, ist es wichtig, dass Sie das Gefühl haben, dass Sie auf einer Basis von Selbstbestimmung und Selbstkontrolle mit Ihrer Therapeutin zusammenarbeiten. Manchen Menschen fällt das schwer und sie haben es lieber, die Verantwortung anderen zu überlassen. Wir raten Ihnen dennoch, so viel wie nur möglich bereit zu sein, Ihr Recht auf Selbstbestimmung auszuüben.

Vielleicht ist es Ihnen auch schon einmal aufgefallen, dass sie sich überwältigt fühlen, wenn andere über sie bestimmen und dass Sie dann Ihr Sich-überwältigt-Fühlen mit Aggression beantworten.

Fühlen Sie sich selbst mit verantwortlich, dass alle Ihre persönlichen Ressourcen berücksichtigt und aktiviert werden. Spüren sie genau hin, ob Sie sich dabei wohl fühlen, wenn sich eine immer stärkere Abhängigkeit von der Therapeutin anzubahnen scheint. Sie können erwarten, dass alle Ihre Lösungen und Lösungsversuche gewürdigt und berücksichtigt werden. Wichtig ist auch, dass Sie das selbst tun.

Die meisten Patientinnen und Patienten möchten darin unterstützt werden, selbst etwas zu tun. Das nennt man in der Medizin »shared decision making«. Erlauben Sie sich Mitsprache und bestehen Sie gegebenenfalls auf Ihrem Mitspracherecht.

Das wird sich in aller Regel auf Ihr Wohlbefinden günstiger auswirken, als wenn Sie sich allzu sehr von der Meinung der Therapeutin abhängig machen und sich damit klein machen.

Finden Sie Ihre eigene »innere Wahrheit«

Jeder Mensch weist Besonderheiten auf, die ihn von anderen Menschen unterscheiden. Wenn Sie wegen einer Traumatisierung erkrankt sind, bleiben Sie dennoch ein unverwechselbares Individuum. Der große amerikanische Psychotherapeut Milton Erickson hat das so formuliert: »Jeder Mensch ist ein Individuum. Die Psychotherapie sollte deshalb so definiert werden, dass sie der Einzigartigkeit der Bedürfnisse eines Individuums gerecht wird, statt den Menschen so zurechtzustutzen, dass er in das Prokrustesbett einer hypothetischen Theorie vom menschlichen Verhalten passt.«

Ihre Individualität und Ihre Grenzen sind Ihre Chancen, Ihre Ressource.

Finden Sie die für Sie stimmige »Wahrheit« heraus und wenden Sie sie dann auch an. Sie sind ein eigenständig handelnder und denkender Mensch, darum sollten Sie sich von niemand Expertenwissen aufdrängen lassen, andererseits aber bereit sein, auch einmal eine andere Sicht in Betracht zu ziehen. Wenn man an den Folgen von Traumata leidet, neigt man dazu, sich auf bestimmte Sichtweisen einzuengen. Therapie kann dann helfen, den Blickwinkel wieder zu erweitern.

Achten Sie auch auf Erfreuliches

Man löst Probleme leichter, wenn man gut oder wenigstens etwas besser drauf ist. Und das kann man bewerkstelligen, indem man sich auch einmal auf die erfreulichen Dinge des eigenen Lebens konzentriert. Daher ist es wichtig, dass Sie sich auch diese ins Gedächtnis rufen, egal wie viel es aufs Ganze gesehen ist. Wenn Sie sich darauf konzentrieren, dann sind sie da. Das zählt.

Zwei Geschichten zum Mut machen

Das Märchen von der glücklosen Königstochter
Diese Geschichte erzählt von einer Königstochter, die ihrer Familie Unglück brachte und deshalb fort ging. Sie müht sich dann nach Kräften, ihren Lebensunterhalt zu bestreiten, aber sie hat nur Unglück, nichts gelingt ihr, und sie bringt anderen auch noch Unglück, so dass sie mehrfach mit Schimpf und Schande davongejagt wird. Erst als sie ihre frühere Amme trifft, die ihr Mut macht und sagt, sie habe ein »schlechtes Schicksal«, aber das könne sie ändern, wenden sich die Dinge. Auf Anraten der Amme bringt sie zunächst ihrem Schicksal einen Kuchen, später kümmert sie sich um ihr Schicksal, das eine hässliche Alte in Lumpen ist, wäscht und pflegt sie, zieht ihr schöne Kleider an und bittet sie dann, ihr einen neuen Namen zu geben. Sie erhält den Namen »Fortunata« und als Geschenk eine goldene Tresse.

Genau diese braucht nun grade der König und damit beginnt ihr glückliches Leben. Der König wiegt aus Dankbarkeit für die Tresse all ihr Leid in Gold auf und heiratet sie. Auch ihre Eltern und Schwestern werden von dem jungen König befreit.

Die Bedeutung der Geschichte
Die Geschichte zeigt, dass man zunächst für ein schlechtes Schicksal nichts kann, d. h. wenn wir traumatische Erfahrungen machen – im Märchen ist es ein Krieg – dann können wir nichts dafür.

Aber sie zeigt auch, dass man ein schweres Schicksal verändern kann, wenn man mit Entschlossenheit und Zuversicht daran geht. Im Märchen gibt es dafür zwei Bedingungen. Zunächst das Akzeptieren und später dann die Auseinandersetzung mit dem Schicksal, schließlich auch die Entschlossenheit, »einen neuen Namen« zu bekommen. Der neue Name steht für ein neues Lebensgefühl, eine neue Identität. Wenn man sich für glücklos hält, dann wird man immer mehr dazu, vertraut man auf sein Glück, hat es mehr Chancen, sich auszuwirken.

Im Märchen ist es die Amme, die unbeirrbar daran festhält, dass man ein schlechtes Schicksal ändern kann. So kann es uns helfen, wenn ein anderer Mensch an uns glaubt. Am Ende müssen wir aber die nötigen Schritte selbst tun und selbst an uns glauben.

Die Wandlung vom Huhn zum Adler
Die zweite Geschichte stammt aus Ghana aus Zeiten, als das Land von den englischen Kolonialherren unterdrückt wurde.

Es geht um ein Huhn, das eigentlich ein Adler war, was es aber längst vergessen hatte. Bis ein naturkundiger Mann kommt, der es als Adler erkennt und nun mit dem Hühnerbesitzer darum ringt, dass dem Huhn eine Chance gegeben wird, seine wahre Natur zu entdecken.

Dies gelingt schließlich beim dritten Versuch, als der Hühnerbesitzer schon gewonnen zu haben scheint. Er lässt den Vogel in die Sonne blicken und sagt ihm, dass es ihm entspricht, in die Sonne zu fliegen.

Da fliegt das vermeintliche Huhn los, breitet seine Flügel aus und fliegt zur Sonne.

Die eigenen Stärken finden und nutzen
Auch hier haben wir diese Entschlossenheit und das Vertrauen, dass sich etwas ändern lässt, dass man »seine wahre Natur« wieder finden kann.

Beide Geschichten drücken das Wesentliche einer inneren Arbeit aus, bei der es darum geht, in Kontakt mit den eigenen Stärken zu kommen:

Es braucht Mut, Entschlossenheit und Einsatz, wenn man ein belastetes Leben ändern will, man muss auch manche Unbequemlichkeit auf sich nehmen, und es braucht vor allem auch Geduld. Von Rückschlägen darf man sich nicht entmutigen lassen.

Es geht auch darum, eine Veränderung der Lebensumstände zu wollen. Nicht aufzugeben, sich dazu zu entschließen, dass man sein Schicksal ändern will, auch die Negativzuschreibungen zu beenden (»Glücklos«, »das Huhn, das im Staub scharrt und die Sonne nicht sieht«) und geduldig an den Veränderungen zu arbeiten.

Veränderungen brauchen Zeit. Manchmal braucht das Heilwerden nach nur einem Trauma viel Zeit, doch manchmal kann es auch sehr schnell gehen. Jeder Mensch ist anders.

Wie Ihre Imagination Ihnen helfen kann
Eine wichtige Ressource könnte für Sie sein, sich vorzustellen, dass es in Ihrem Inneren so etwas gibt wie eine Bühne.

Dieser Ort entsteht einfach dadurch, dass Sie ihn sich vorstellen. An diesem Ort hätten verschiedene Anteile, die Sie so nach und nach bei sich entdecken ihren Platz. Ihr »Jetzt-Ich« hat dort einen zentralen

Platz. Denn es kann sich als Autor und Regisseur verstehen. Wenn Ihnen das schwer fällt, so kann es helfen, diesen Regisseur zu »erfinden«. Sie können dort also z. B. Ihr »Adler-Ich«, Ihr »Huhn-Ich«, Ihr »Glücklos-Ich«, usw. entdecken und sich neue Möglichkeiten für diese Ichs überlegen, wie in den Geschichten.

Sie können sich immer wieder neue Situationen und Möglichkeiten ausdenken und erfinden, und so auch aus Ohnmacht und Hilflosigkeit herauskommen.

Stellen Sie sich vor, Sie würden eine Geschichte erfinden, oder jemand würde eine Geschichte erfinden, was wäre das für eine Geschichte? Vielleicht mögen Sie zur Anregung in Astrid Lindgrens Geschichten eintauchen.

Astrid Lindgrens Geschichten beflügeln die Phantasie

Die schwedische Kinderbuchautorin Astrid Lindgren (1907–2002) schuf in ihren Geschichten Figuren, die ihren Platz in der Welt gefunden haben. Dabei sparte sie Trauer, Einsamkeit, Grausamkeit und Aggression nicht aus. Das Kind in Astrid Lindgren hat viele Namen: Pippi, Michel, Karlsson, Madita, Ronja, Lotta, Kalle …

Pippi sorgt gut für sich selbst

Pippi Langstrumpf ist eine Berühmtheit unter den Helden von Astrid Lindgren. Pippi mag schwach im Kopfrechnen sein, in Logik ist sie unschlagbar: »Am besten, ihr geht jetzt nach Hause«, sagt sie zu Thomas und Annika, ihren neuen Freunden von nebenan. »Denn wenn ihr nicht nach Hause geht, könnt ihr ja nicht wiederkommen. Und das wäre schade.« Mit ihrer Pfiffigkeit zeigt Pippi, dass es auf kluges Handeln ankommt und nicht auf gute Noten. Pippi lässt sich nicht einschüchtern und klein machen. Sie wehrt sich gegen Ungerechtigkeit und enges Denken. So schlägt sie in der Geschichte »Pippi veranstaltet Fragesport« die autoritären Erwachsenen mit deren eigenen Waffen. Pippi muss mutig sein, weil sie eine große Angst bekämpft, die Angst vor dem Traurigsein. Den Polizisten, die das elternlose Kind in ein Kinderheim geben wollen, erklärt sie, sie hätte schon einen Platz im Kinderheim. »Ich bin ein Kind und das hier ist mein Heim, also ist es ein Kinderheim. Und Platz habe ich auch. Reichlich Platz.«

Michel fehlt die Aufmerksamkeit der Eltern

Michel aus Lönneberga ist die zartfühlendste Seele der Welt. Er kann keiner Fliege etwas zuleide tun. Doch wenn er mit Erwachsenen zusammenkommt, sitzt ihm der Schalk im Nacken. Seine Eltern bringt er mit seinem Unfug fast um den Verstand. Die Dorfbewohner stecken seinen Eltern sogar Geld zu, damit Michel nach Amerika auswandert. Was Michel fehlt, ist die Aufmerksamkeit der Eltern und die Anerkennung der so achtlosen, schrecklich ordentlichen Welt. Michel möchte gesehen werden. Welch wundersame Verkehrung, als sich Michel die Suppenschüssel über den Kopf stülpt: Die Erwachsenen starren ihn an, doch Michel, die Schüssel bis über das Kinn gezogen, entzieht sich ihnen. Michel, dessen Streiche auf nichts anderes zielen als auf die Erregung von Aufmerksamkeit, verkörpert die Sehnsüchte des strengen Vaters. Michel durchlebt all jene Abenteuer, die sich der Vater versagt. Weil der Vater seinen schönsten Träumen und geheimsten Wünschen nicht ständig in der Wirklichkeit begegnen will, sperrt er den Rebell in den Tischlerschuppen. Für Michel ist die Strafe der traurige Beweis für die Unfreiheit der Erwachsenen. Er verbringt die Zeit im Tischlerschuppen in größtmöglicher Unabhängigkeit und schnitzt Holzmännchen.

Die heile Welt der Kinder aus Bullerbü

Die Kinder aus Bullerbü leben in einer kleinen und heilen Welt, in der man herrlich spielen kann. Es herrscht Gerechtigkeit, keiner muss sterben. So kann man sich auf das Leben konzentrieren, also das Spielen. Irgendwo muss es wohl eine Welt außerhalb von Bullerbü geben, sonst ließe sich der von allen Kindern gern genutzte Großvater keine Zeitung vorlesen. Irgendwann ist vielleicht auch die Kindheit vorbei, aber jetzt doch noch nicht. Wenn man nicht das Glück hat, in Bullerbü zu leben, dann kann man doch auf alle Fälle von dieser Welt lesen.

Karlsson vom Dach – die Verkörperung der Freiheit

Karlsson vom Dach verkörpert Süße und Schrecken der Freiheit. Er ist das andere Ich von Lillebror, die Verkörperung der Unabhängigkeit. Doch Karlsson macht auch Angst. So sehnt sich Lillebror manchmal nach der elterlichen Geborgenheit. Als Lillebrors Mutter krank wird und zur Erholung verreisen muss, hilft Karlsson Lillebror, sich gegen die strenge Hausgehilfin zur Wehr zu setzen. Alle Mittel sind erlaubt: Das Tirritieren (klingt nach Karlssons Worten teuflischer als Irritieren), das Schabernacken und das Figurieren. In der Geschichte »Karlssons Wecken-Tirritierung« überlegt sich Lillebror am Ende, ob er nicht doch ein bisschen über Mamas Weggang weinen sollte. »Aber da hörte er ein Brummen und zum Fenster herein kam Karlsson.« Die Eltern wollen Karlssons Existenz nicht wahrhaben, er wird verleugnet. Für Lillebror ist Karlsson laut dessen eigener Aussage der beste, netteste, lustigste und überhaupt fabelhafteste Freund von der Welt.

Die Brüder Löwenherz – das abenteuerliche Leben nach dem Tod

Die Geschichte von den Brüdern Löwenherz ist so traurig, dass sie im Herzen weh tut. Karl Löwenherz, genannt Krümel, ein nur 10-jähriger Junge, muss bald sterben. Sein drei Jahre älterer Bruder Jonathan sagt ihm zum Trost, dass es nach dem Sterben bestimmt herrlich wird. Bald wissen wir, dass Krümel nicht nur einen, sondern viele Tode sterben muss, aus Angst, aus Schreck, aus Liebe. Als Erster stirbt Jonathan. Die Brüder Löwenherz leben nach dem Sterben in aufregendster Weise weiter, in Nangijala, dem Land der Sagen und Lagerfeuer. Sie kämpfen gegen den blutrünstigen Herrscher Tengil und besiegen den Drachen Katla. Wie Krümel das durchsteht, mit der Verzweiflung einer angstschlotternden Maus, ist ein Wunder. Krümel und Jonathan reiten über Kirschblütenwiesen, angeln an Seen und erzählen sich Geschichten. Im Land der Toten, dies ist die Botschaft, geht das Erzählen weiter.

Mio muss das Herz aus Stein durchbohren

In »Mio, mein Mio« findet der Waisenjunge Bo Vilhelm Olsson, der bei Pflegeeltern in liebloser Umgebung aufwächst, auf geheimnisvolle Weise das »Land der Ferne«. Die Sehnsucht nach dem nie gekannten

Vater und der toten Mutter lässt ihn dort seinen Vater, den König des Landes, finden. Aus dem kleinen Bo wird Prinz Mio, der zusammen mit seinem Freund das Reich des Vaters von dem bösen Herrscher des »Landes Außerhalb« befreit. Der Kampf gegen den bösen Ritter Kato, der ein Herz aus Stein hat, bringt Mio häufig in lebensgefährliche Situationen mit Todesängsten, aus denen er auf wundersame Weise gerettet wird. In Ritter Katos letztem Kampf, »auf den man seit tausend und abertausend Jahren gewartet hatte«, schreit dieser: »Sieh zu, dass du das Herz triffst!« (…) »Sieh zu, dass du mein Herz aus Stein durchbohrst! Es hat lange genug in meiner Brust gescheuert und weh getan.« Mio sieht, dass Ritter Kato sich danach sehnte, sein Herz aus Stein loszuwerden. »Vielleicht hasste niemand Ritter Kato mehr als Ritter Kato selbst.« Als Mio sein flammendes Schwert tief in Ritter Katos Herz stößt, verwandelt dieser sich in einen kleinen grauen Vogel, der trillernd und glücklich zum Fenster hinaus fliegt. Mio erlöst Menschen und Land und macht aus der heillosen Welt eine Welt der Ordnung.

Madita findet ihr »Seligkeitsding«

Madita lebt mit ihrer kleinen Schwester Lisabet auf Birkenlund, wo man herrlich spielen und jeden Tag neue Abenteuer erleben kann. Nebenan wohnt Abbe Nilsson, der den Lebensunterhalt für sich und seine Eltern durch Kringelbacken verdienen muss. In der Geschichte »Weihnachten auf Birkenlund« macht Madita die Erfahrung, dass es neben der Geborgenheit und weihnachtlichen Freude in ihrer Familie auch Armut und Einsamkeit gibt. Für die Petroleumlampe als Weihnachtsgeschenk für seine Eltern hat Abbe sich »jeden einzigen roten Heller selber zusammenverdient.« Als Madita Abbe ein Weihnachtsgeschenk vorbeibringt, schlägt Tante Nilsson bestürzt die Hände zusammen. »Ein Weihnachtsgeschenk für Abbe! Das haben wir ja ganz vergessen!« In der Geschichte »Hilflosigkeit der Armut, was ist das?« verkauft Tante Nilsson ihren toten Körper, »damit die Ärzte daran herumschnippeln können.« Madita findet das entsetzlich. Mit einem Losgewinn kauft sie Tante Nilsson frei, die erst heftig weint und dann sagt: »Da habe ich mich nun tagelang gegrämt, dass ich keine anständige Beerdigung kriege. Gesegnet seist du, kleine Madita, dass du das erraten hast!« In der Geschichte »Madita und Lisabet bekommen ein Seligkeitsding« verschenkt Madita ein goldenes Herz an Mia, ein Kind, das von der Armenpflege lebt. Zuerst bereut sie es. Am ersten Weihnachtstag bekommen Madita und Lisabet eine kleine Schwester. Als sie ihre Weihnachtsgeschenke betrachten, stellen sie fest: »Alles ist wunderbar, aber ein richtiges Seligkeitsding war wohl doch nicht dabei.« Aber da ruft Madita triumphierend: »Doch, du hast ein Seligkeitsding gekriegt! Und ich auch! Wir haben ja Kajsa gekriegt.«

Ronja Räubertochter lehnt sich gegen den Vater auf

Ronja, die Räubertochter, ist die starke Tochter einer starken Mutter, Lovis. Ihr Vater Mattis, der Räuberhauptmann, kämpft zusammen mit den Mattisräubern gegen die Borkaräuber. Als Mattis Birk, den Sohn Borkas, gefangen nimmt, springt Ronja über den Höllenschlund auf die Seite der Borkaräuber. Durch einen Tauschhandel gibt sie ihrem heimlichen Freund Birk seine Freiheit zurück. »Aber Mattis war jenseits von allem Trost. Wie ein angeschossener Bär stand er dort und wiegte seinen schweren Körper hin und her, als wollte er einen unerträglichen Schmerz dämpfen.« (…) »Komm und hole dir deinen Sohn«, sagte Mattis. »Aber mir kannst du kein Kind zurückgeben, denn ich habe keins.« »Aber ich habe eins«, schrie Lovis mit einer Stimme, dass die Krähen von den Zinnen aufflogen. »Und dieses Kind will ich zurückhaben, verstehst du, Borka? Jetzt!« Mattis versinkt in finstere Trauer und Ronja sieht »einen Mattis, der dem Vater, den sie bisher gekannt hatte, nicht mehr glich. Ja, alles war verändert und schrecklich geworden.« Ronja zieht mit Birk in den Wald. »Traurig war sie wegen Mattis und auch wegen Lovis. Aber froh war sie über alles Verzauberte, Schöne und Stille ringsum in der Frühlingsnacht.« Als der Winter naht, stehen Ronja und Birk vor der Entscheidung, in der Bärenhöhle zu erfrieren oder zurück zu ihren Familien zu kehren. »Aber in die Mattisburg konnte sie nicht zurück, nicht, solange sie nicht mehr Mattis' Kind war.« In der Begegnung von Ronja und Mattis, der nach langem Hadern seinen Stolz überwindet, offenbaren beide ihre Trauer und ihren Schmerz. »Und Birk, der da stand, wusste, dass die Zeit gekommen war. Die Zeit, Ronja Lebewohl zu sagen und sie Mattis zurückzugeben.« Für sich denkt er: »Ronja, du weißt nicht, wie weh es tut, aber geh! Geh schnell! Geh gleich!« »Schwerer hab ich es nie in meinem Leben gehabt, dachte Ronja.« Um Ronja nicht zu verlieren, schlägt Mattis Birk vor, mit in die Mattisburg zu kommen. Aber Birk würde lieber in der Bärenhöhle erfrieren, als »Prügelknabe bei den Mattisräubern« zu werden. Die verzweifelte Ronja antwortet ihm: »Das

Leben ist etwas, das man hüten und bewahren muss, begreifst du das denn nicht? Und wenn du den Winter über in der Bärenhöhle bleibst, dann wirfst du dein Leben einfach weg! Und meins dazu!« Die Räuberbanden von Mattis und Borka beschließen, die Feindschaft zu beenden, um sich gemeinsam besser gegen die Landsknechte wehren zu können. Nach einem Zweikampf steht Mattis als Häuptling da. Mattis tröstet Borka mit den Worten: »(...) Wenn wir beide nicht mehr sind, wird wohl dein Sohn Häuptling werden. Denn meine Tochter will ja nicht. Und wenn sie nein sagt, dann meint sie nein, das hat sie von ihrer Mutter.« Birk schwört daraufhin einen Eid, »dass er niemals ein Räuber werde, komme, was wolle.« Mattis hat dazugelernt und stellt fest: »(...) Heutzutage hat man bei seinen Kindern nichts mehr zu melden. Die machen, was sie wollen. Damit muss man sich eben abfinden. Leicht ist es aber nicht!«

Wie Sie sich selbst unterstützen können

Es lohnt sich, wenn Sie sich darum bemühen, eine ganzheitliche Sicht von sich selbst zu entwickeln, d. h. Ihrer Gesamtpersönlichkeit mit Ihren Fähigkeiten und Ressourcen sowie andererseits Ihren kranken Seiten. Letztere kennen Sie vermutlich aber viel besser als Ihre Stärken. Daher möchten wir jetzt den Aspekt der Stärken hervorheben.

Machen Sie eine Liste all Ihrer Fähigkeiten und Stärken. Beschäftigen Sie sich immer einmal wieder mit dieser Liste. Sie werden bemerken, dass Sie nach und nach wächst.

Manche Menschen wissen, wenn sie diese Liste das erste Mal erstellen, fast nichts über Ihre Stärken. Je mehr sie sich damit beschäftigen, desto mehr fällt ihnen ein.

Sie können auch Hilfsmittel nutzen. Weiter unten fügen wir Fragen zu persönlichen Stärken ein, wie sie Martin Seligman und seine Kollegen entwickelt haben.

Nutzen Sie Ihre Vorstellungskraft

Auch wenn Sie kein Dichter oder Maler sind, ist es eine Alltagserfahrung, dass wir in der Lage sind, uns Dinge vorzustellen oder sie uns »auszumalen« und allein aufgrund unseres Vorstellungsvermögens

Entscheidungen zu treffen bzw. angenehme oder unangenehme Gefühle zu erzeugen. Wie so oft können wir eine Menge von den »alten Griechen« lernen. In ihren Tempeln wendeten sie z. B. den Heilschlaf an. Dabei wurden die Patienten in einen tranceartigen Zustand versetzt und die dann auftauchenden Bilder zu Heilungszwecken verwendet. Einige begaben sich in Vorstellungsbildern auf einen Standpunkt außerhalb ihrer eigenen Existenz, um sich bewusst zu machen, wie klein ihre Sorgen und Nöte aus der Entfernung erschienen. Heute schlagen wir z. B. vor, sich eine Situation aus der Perspektive von einem Flugzeug aus, oder, wer es gern poetischer hat, von einem fliegenden Teppich aus, vorzustellen. Schon vor 2000 Jahren hatte der Dichter Ovid ganz ähnliche Empfehlungen: »Freude macht es, die hohe Sternenbahn zu durchmessen, Freude, die Erde und ihren trägen Sitz zu verlassen, auf der Wolke zu reiten, sich auf die Schultern des starken Atlas zu stellen, von fern auf die überall umherirrenden Menschen herunter zu schauen, die ängstlichen, die den Tod fürchten ...«

> **Vorstellungen verändern das Gehirn**
>
> Inzwischen gibt es auch von Seiten der Hirnforschung Bestätigung dafür, dass Vorstellungen das Gehirn fast genauso beeinflussen und formen können wie echte Erfahrungen. Schon länger wissen wir, dass Vorstellungsbilder im Körper zu nachweisbaren Veränderungen führen. Lebhafte Visualisierung, d. h. lebhaftes sich Vorstellen aktiviert dieselben Gehirnzellen wie die vorgestellte Handlung selbst.

Jeder Mensch verfügt über Vorstellungskraft, es sei denn, er hätte eine Erkrankung des Gehirns. »Ausdenken« ist ein anderes Wort dafür. Wenn wir uns etwas »ausdenken«, auch das ist eine Alltagserfahrung, hat das ebenfalls Wirkung.

Das innere Erleben zum Ausdruck bringen

Es empfiehlt sich mit »kleinen«, am Alltag orientierten Vorstellungen zu beginnen. Das innere Erleben kann durch inneres Hören oder Fühlen genauso intensiv sein wie durch Bilder, und innere Bilder können dadurch verstärkt werden. Auch musikalisches oder tänzerisches Schaffen erfordert Vorstellungskraft.

Das, was Sie sich vorstellen, möchten Sie vielleicht auch »zum Ausdruck« bringen. Vielleicht möchten Sie Ihre Gefühle tanzen oder malen oder singen. Tun Sie es, wenn Ihnen danach ist. In anderen Kulturen heilen die Menschen sich von ihrem Schmerz dadurch, dass sie singen und tanzen.

Stehen Sie zu Ihren Stärken
»Vielleicht sind alle Drachen unseres Lebens Prinzessinnen, die uns einmal schön und mutig sehen wollen« schreibt Rilke. Haben Sie den Mut, zu Ihren Stärken zu finden.

Wenn man sich mehr um seine Stärken kümmert, schmelzen unsere Schwächen wie Butter in der Sonne. Denn unser Gehirn hat die wunderbare Fähigkeit, dass das, was wir oft tun, zu einer Vergrößerung der Areale im Gehirn führt, die dafür zuständig sind. Und das, was wir nicht tun? Nun, da wächst nichts, im Gegenteil, das Areal schrumpft nach und nach. Das gilt für die Areale für Klavier spielen oder schwimmen usw. genauso wie für die Areale, die für geistig-seelische Arbeit zuständig sind.

Die positiven Seiten fördern
Martin E.P. Seligman beschäftigt sich in seinem Buch »Der Glücks-Faktor« mit der Frage, worin menschliches Glück besteht und wie es erreicht werden kann. Als Begründer der »positiven Psychologie« konzentriert er sich auf die Förderung der positiven Seiten des Menschen. Um seelischen Erkrankungen vorzubeugen, aber auch bei bereits bestehenden Störungen, insbesondere Depressionen, die bei fast allen Traumafolgestörungen zumindest eine gewisse Rolle spielen, sollten menschliche Stärken wie Zukunftsorientierung, Hoffnung, Gewandtheit im Umgang mit Menschen und Mut gefördert werden. Darüber hinaus nennt Seligman die Fähigkeit, »Flow« zu erreichen.

Mit allem eins sein – der Flow-Zustand
Dieser Begriff wurde von Mihaly Csikszentmihalyi, einem berühmten Professor für Sozialwissenschaften, geprägt. »Flow« ist der Geistes- und Gemütszustand, in den wir eintreten, wenn wir ganz in unserem Tun aufgehen. Beim völligen Eintauchen in eine Handlung wird nämlich das alltägliche Bewusstsein aufgehoben, wir geraten in einen anderen Bewusstseinszustand, in dem wir uns eins mit allem fühlen. Gefühle sind weniger wichtig.

> **Wann haben Sie Flow-Zustände?**
>
> »Wann steht die Zeit für Sie still? Wann tun Sie genau das, was Sie tun wollen und womit Sie niemals aufhören möchten?«
>
> Einen Flow-Zustand während des Arbeitstages zu haben, heißt, sich während der Arbeit rundum wohl zu fühlen. Arbeit enthält viele Entstehungsbedingungen für »Flow«: Es gibt in aller Regel klare Ziele und Vorgehensweisen. Arbeit fördert die Konzentration und im günstigen Fall entspricht sie den persönlichen Stärken. Ein Zustand des »Flow« kann beim Sport, beim Malen, beim Lesen, im Gespräch mit anderen Menschen und in vielen anderen Situationen eintreten.

Wie erreicht man eine positive Einstellung?

Empfehlungen von Mihaly Csikszentmihalyi in seinem Buch »Lebe gut. Wie Sie das Beste aus Ihrem Leben machen können«:

- Letzten Endes sind nicht die Umstände und Verhältnisse ausschlaggebend.
- Das Wichtigste ist, was man aus ihnen macht.
- Ob unser Leben vorzügliche Elemente enthält, hängt am Ende nicht vom Was, sondern vom Wie unseres Tuns ab.
- Der erste Schritt zur Verbesserung der Lebensqualität besteht darin, genau darauf zu achten, was wir jeden Tag tun, und zu erkennen, welche Gefühle die Tätigkeit, der Ort, die Tageszeit oder der Gefährte in uns auslöst.
- Es gibt kein Gesetz, wonach wir alle das Leben auf ein und dieselbe Weise erfahren müssen.
- Das Entscheidende ist, dass Sie herausfinden, was sich in Ihrem Fall als besonders hilfreich erweist.
- Positive Emotionen können sich auf die Vergangenheit, die Gegenwart und die Zukunft beziehen.
- Positive Gefühle beim Blick auf die Vergangenheit sind Zufriedenheit, Erfüllung, Stolz und Behagen.
- Zu den positiven Gefühlen der Gegenwart gehören Freude, Gelassenheit, Schwung, Vergnügen und, am wichtigsten: Flow.
- Positive auf die Zukunft gerichtete Emotionen schließen Optimismus, Zuversicht, Glauben und Vertrauen ein.
- Dankbarkeit vergrößert die Wertschätzung der guten Erfahrungen.

> **Dankbarkeitstagebuch**
>
> Um die Lebenszufriedenheit zu erhöhen, empfiehlt Seligman ein Tagebuch für Dankbarkeit.
> Nehmen Sie sich am Abend um eine bestimmte Zeit fünf Minuten frei und überdenken Sie die letzten 24 Stunden. Notieren Sie bis zu fünf Dinge in Ihrem Leben, für die Sie dankbar sind.

Gönnen Sie sich Vergnügungen und Belohnungen

Glück im Hier und Jetzt umfasst nach Seligman Vergnügungen und Belohnungen. Vergnügungen sind Freuden, die fühlbar sinnliche und starke emotionale Komponenten haben (»Elementargefühle« wie Spannung, Fröhlichkeit oder Behagen). Belohnungen ergeben sich aus Aktivitäten, die wir gern unternehmen, bei denen wir unsere Selbstbefangenheit verlieren, in Kontakt mit unseren Stärken sind. Belohnungen werden nicht so leicht zur Gewohnheit wie Vergnügungen.

Um das Maß an aktueller Glücklichkeit zu steigern, empfiehlt er folgende Methoden:

Vergnügen ist vergänglich und bei Wiederholung in kurzen Abständen stellt sich schnell Gewöhnung ein. Es gilt daher, die für Sie passenden Zeitabstände herauszufinden, um die Gewöhnung und damit die Schmälerung des Vergnügens zu verhindern.

Neben den richtigen Zeitabständen helfen Überraschungen. Sorgen Sie für erfreuliche kleine Überraschungen für sich und andere (z. B. ein paar Zeilen als Zeichen der Zuneigung oder Blumen, die Sie auch spontan für sich selbst kaufen können).

Neben dem wiederholten Neuerleben zur Verhinderung von Gewöhnung geht es um das »Auskosten«: Sich den lustvollen Genuss bewusst machen und die bewusste Aufmerksamkeit willentlich auf die Erfahrung von Vergnügen lenken. Das Auskosten wird gefördert durch folgende fünf Methoden:

- Mitteilen der gegenwärtigen Erfahrung – erzählen Sie anderen davon
- Bewahren von Erinnerungen (z. B. Fotos oder ein Gegenstand als Souvenir)
- sich selbst beglückwünschen

- Schärfung der Wahrnehmung (z. B. Konzentration auf Geschmack, Geruch oder andere einzelne Sinne)
- sich total dem Fühlen überlassen und versuchen, nichts zu denken (Absorbierung).

Fördern Sie Ihre Achtsamkeit

Wenn Sie jetzt daran denken, was Sie heute getan haben, wie viel davon wissen Sie noch genau? Kann es sein, dass Sie mehr oder weniger alles an sich haben vorbeiziehen lassen und sie die meiste Zeit in Gedanken waren, die mit etwas ganz anderem zu tun hatten, als das, was Sie gerade taten?

Dieses Verhalten ist typisch für die meisten Menschen. Der Körper tut etwas und der Geist spaziert durch die Welt. Wenn der Mensch schlimme Erfahrungen gemacht hat, hat der Geist leider eine Tendenz, sich an diese zu erinnern und sich mit ihnen zu beschäftigen. Dadurch macht sich der Mensch sehr viel an innerem Stress.

Wenn es uns gelingt, achtsam bei dem zu sein, was jetzt in diesem Moment gerade geschieht und ist, haben wir eine Chance, dass sich Körper, Geist und Seele beruhigen können.

Achtsamkeit ist einerseits sehr einfach, andererseits ist sie anspruchsvoll, weil sie geübt werden will und nicht ohne weiteres von selbst gelingt.

> **Ein achtsamer Spaziergang**
>
> Nehmen Sie sich zunächst vor, dass Sie diesen Spaziergang so achtsam wie möglich machen werden. Dieser Entschluss hilft durchzuhalten.
>
> Beginnen sie schon beim Anziehen, dieses ganz achtsam zu tun. Nehmen Sie wahr, dass Sie sich den Mantel anziehen und tun Sie es diesmal nicht automatisch, ebenso die Schuhe usw.
>
> Nun machen Sie den ersten Schritt vor die Tür. Und Sie werden nun jeden Schritt ganz achtsam und bewusst tun. Wenn Sie mit den Gedanken abschweifen, was oft geschehen kann, dann kehren Sie zu Ihrer Achtsamkeit zurück, sobald Sie das Abschweifen bemerken. Das Gehen und das Wahrnehmen Ihrer Umgebung sind nun das einzig Wichtige.

> Sie können sich vornehmen, dass sie für eine Weile regelmäßig den gleichen Weg gehen. Dann werden Sie bemerken, dass Sie nicht jeden Tag gleich gehen und dass sich Ihre Umgebung verändert. Henri Thoreau, ein amerikanischer Philosoph ist so jahrzehntelang täglich denselben Weg gegangen. Und fand es immer wieder neu und erfrischend. Achtsamkeit hilft, die Wunder des Alltags zu entdecken und hilft uns, uns selbst genauer kennen zu lernen. Achtsamkeit hat auch den großen Vorteil, dass wir nicht anders können, als im Jetzt zu sein. Wenn jetzt keine Gefahr droht, kann uns jetzt auch nichts Schlimmes geschehen. Für Achtsamkeit gibt es noch andere, englische Begriffe: Mindfullness und Awareness, die sich bei uns durchzusetzen beginnen.

Der Nutzen von bewusstem Denken

Achtsamkeit kann man auch dafür nutzen, sich damit zu beschäftigen, was man von früh bis spät denkt.

In den ostasiatischen Traditionen wird unser Denken auch »Affengeist« genannt. Es hüpft von Ast zu Ast, mal ist dies, mal ist jenes. Wenn das nun lauter heitere, aufbauende Gedanken wären, wäre das kein Problem. Menschen mit Traumafolgestörungen denken aber ganz viel an Schlimmes, das sie erlebt haben oder Schlimmes, das sie befürchten.

Da kann »bewusstes Denken« ansetzen. Wir können lernen uns zu fragen, ob das, was wir denken uns hilft, gesünder zu werden und uns besser zu fühlen. Die kognitive Verhaltenstherapie nutzt dies gezielt.

Die Gruppe um Seligman konnte zeigen, dass häufiges pessimistisches Denken sich schädlich auswirkt. Sie konnte auch zeigen, dass man das ändern kann.

Seligman empfiehlt vor allem, mit sich selbst zu »disputieren«, also sich auseinander zu setzen, so als würde man mit jemand anderem sprechen. Das kann man sich relativ leicht angewöhnen.

Eine andere Möglichkeit ist, sich immer wieder zu fragen, ob der Gedanke, den man da denkt, einem hilft, sich wohl und gesund zu fühlen. Wenn das nicht zutrifft, sollte man andere Gedanken bilden. Was wir denken, lässt sich beeinflussen, leichter, als alles andere. Gefühle lassen sich z. B. viel schlechter beeinflussen als Gedanken.

Pessimismus und Optimismus

Um optimistischer in die Zukunft blicken zu können, ist die Überprüfung von persönlichen Einstellungsmustern und inneren Haltungen hilfreich. Pessimistisch denkende Menschen glauben, dass die Ursachen schlechter Ereignisse fortbestehen und ihr Leben ständig negativ beeinflussen werden. Optimistisch denkende Menschen glauben, dass die Ursachen schlechter Ereignisse vorübergehend sind. Sie fühlen sich weniger ausgeliefert und hilflos. Neben der beschriebenen zeitlichen Dimension (Permanenz, also Fortbestehen, bei der pessimistischen Grundhaltung, temporär, also vorübergehend, bei der optimistischen Grundhaltung) geht es bei der Allumfassendheit um den Raum. Pessimistisch denkende Menschen verallgemeinern das Scheitern in einem Lebensbereich und geben gleich alles auf (universelle Denkweise, z. B. alles ist schlecht). Optimistisch denkende Menschen finden spezifische Erklärungen. So können sie sich auf einem bestimmten Gebiet hilflos fühlen, aber auf anderen Gebieten mutig voranschreiten.

Kognitive Stabilisierung – für gesündere Einstellungen sorgen

Ungesunde – dysfunktionale – Kognitionen sind bewusste oder unbewusste Einstellungsmuster oder innere Haltungen, die langfristig negative Konsequenzen haben. Häufige ungünstige Einstellungsmuster sind zum Beispiel:

- »Ich bin nur etwas wert, wenn ich etwas leiste.«
- »Ich darf keinen Fehler machen.«
- »Ich muss den anderen gerecht werden. Meine Bedürfnisse sind nicht so wichtig.«

Solche und ähnliche Einstellungsmuster können durch das soziale Umfeld geprägt und verinnerlicht werden. Es gilt, nicht hilfreiche Einstellungen zu identifizieren und durch realistischere Überzeugungen zu ersetzen. Das könnten beispielsweise folgende sein:

- »Ich habe ein Recht auf mein Leben und auf die Achtung meiner Person.«
- »Kein Mensch ist perfekt. Ich kann aus meinen Fehlern lernen.«
- »Es darf mir gut gehen, auch wenn es viel Leid in der Welt gibt.«

Gesündere Einstellungen sind hilfreich, wenn sie realistisch und überzeugend sind. Langfristig verändern sie auch die Gefühle in positiver Richtung.

Die sechs wichtigsten Tugenden

Zusammen mit seinem Forscherteam fand Seligman in zahlreichen Traditionen – verteilt über 3000 Jahre und die gesamte Erdoberfläche – sechs so genannte Tugenden: Weisheit und Wissen, Mut, Liebe und Humanität, Gerechtigkeit, Mäßigung sowie Spiritualität und Transzendenz. Daraus entwickelten sie ein Konzept, welche 24 Stärken dabei helfen können, die Tugenden zu erreichen:

Weisheit und Wissen:
1. Neugier/Interesse für die Welt
2. Lerneifer
3. Urteilskraft/kritisches Denken/geistige Offenheit
4. Erfindergeist/Originalität/praktische Intelligenz/Bauernschläue
5. Soziale Intelligenz/personale Intelligenz/emotionale Intelligenz
6. Weitblick

Mut:
7. Tapferkeit und Zivilcourage
8. Durchhaltekraft/Fleiß/Gewissenhaftigkeit
9. Integrität/Echtheit/Ehrlichkeit/Lauterkeit

Liebe und Humanität:
10. Menschenfreundlichkeit und Großzügigkeit
11. Lieben und sich lieben lassen

Gerechtigkeit:
12. Staatsbürgertum/Pflicht/Teamwork/Loyalität
13. Fairness und Ausgleich
14. Menschenführung (Leadership)

Mäßigung:
15. Selbstkontrolle
16. Klugheit/Ermessen/Vorsicht
17. Demut und Bescheidenheit

Spiritualität und Transzendenz: Mit Transzendenz meint Seligman emotionale Stärken, die nach außen und über Sie als Mensch hinausgreifen und Sie mit etwas in Kontakt bringen, das größer und beständiger ist: andere Menschen, die Zukunft, die Evolution, das Göttliche, das Universum.

18. Sinn für Schönheit und Vortrefflichkeit
19. Dankbarkeit
20. Hoffnung/Optimismus/Zukunftsbezogenheit
21. Spiritualität/Gefühl für Lebenssinn/Glaube/Religiosität
22. Vergeben und Gnade walten lassen
23. spielerische Leichtigkeit und Humor
24. Elan/Leidenschaft/Enthusiasmus

Als »Signatur-Stärken« bezeichnet Seligman die Charakterstärken, die das Wesen eines Menschen ausmachen.

> **Welches sind Ihre größten Stärken?**
>
> Wählen Sie aus den 24 aufgeführten Stärken Ihre fünf größten Stärken aus. Ziel ist die Verwirklichung eigener Hauptstärken jeden Tag im Beruf, in mitmenschlichen Beziehungen und in der Kindererziehung.
>
> Es geht darum, Ihre bereits vorhandenen Stärken zu fördern und diese in allen Lebensbereichen so oft wie möglich einzusetzen. Konzentrieren Sie sich also nicht auf Ihre Schwächen, sondern aktivieren Sie Ihre ohnehin vorhandenen Stärken als Ressourcen!

> **Emotionale Stabilisierung – für gute Gefühle sorgen**
>
> Gefühle werden durch Denken und Handeln beeinflusst. Gesündere Einstellungen und ein liebevoller Umgang mit sich selbst wirken direkt antidepressiv. Dazu gehört auch die Fürsorge für einen gesunden Körper durch bewusste Ernährung, regelmäßige körperliche Aktivität und ausreichenden Schlaf. Positive Aktivitäten und eine Balance zwischen Anspannung und Entspannung helfen, die Stresstoleranz zu erhöhen. Es lohnt sich, persönliche Kraftquellen zu entdecken und zu pflegen.

Die Opferrolle verlassen

Viele Menschen re-agieren meistens und erlauben sich selten, sich für ihre Interessen einzusetzen. Diese Haltung ist nach traumatischen Erfahrungen häufig und auch verständlich, da man sich häufig wie gelähmt fühlt, andererseits verstärkt sie das Gefühl, ein Opfer zu sein.

Proaktiv sein

Wenn Sie sich proaktiv verhalten, also von sich aus aktiv werden, beenden Sie Ihr »sich als Opfer fühlen«.

Proaktiv sein bedeutet, dass Sie sich klar machen, was Sie wollen und dann eigenverantwortlich für Ihre Interessen eintreten.

Beispiel:

Ingrid beschwert sich, dass ihr Mann »immer alles bestimmt«. Sie kann das deshalb so schlecht ertragen, weil sie als Kind unter einem gewalttätigen höchst autoritären Vater sehr gelitten hat.

> **Ingrid lernt, sich für ihre Interessen einzusetzen**
>
> Ingrid beschreibt, dass sie so gut wie nie einen Vorschlag macht, was sie gerne tun möchte. Sie überlässt es, ohne dass ihr das bis jetzt bewusst war, ständig ihrem Mann zu sagen, was zu tun oder zu lassen sei. Anschließend ärgert sie sich oft über ihn, weil er dauernd bestimmt.
>
> Ingrid beginnt, sich jeden Morgen zu überlegen, was sie heute vorhat, was sie sich wünscht. Sie gewöhnt sich an, diese Wünsche zu äußern. Sie macht die Erfahrung, dass es ihr damit besser geht. Sie merkt auch, dass sie dadurch, dass sie jetzt mehr ihre Wünsche sagt, etwas mehr Auseinandersetzungen mit ihrem Mann hat, was zur Folge hat, dass sie sich damit beschäftigt, wie man sich konstruktiv auseinandersetzt, wenn man verschiedener Meinung ist.
>
> Ingrid merkt, dass sie sich mit ihrem proaktiven Handeln viel besser fühlt und dass ihr dauerndes Opfergefühl weniger wird.

Von innen nach außen

In seinem Buch »Die sieben Wege zur Effektivität« beschreibt Stephen R. Covey eine neue Ebene des Denkens. Bei den sieben Wegen zur Effektivität geht es um einen Zugang »von innen nach außen«. Beginnen Sie bei sich selbst. Sie können positive Energien hervorrufen, statt den negativen Macht zu geben. Sie können verständnisvoller, mitfühlender und liebevoller sein. Sie können zu mehr Verantwortungsbewusstsein und Hilfsbereitschaft beitragen. Wenn Sie Vertrauen haben wollen, seien Sie selbst vertrauenswürdig. »Von innen nach außen« ist ein fortdauernder Prozess der Erneuerung.

> **! Wichtig**
>
> Sie besitzen die Fähigkeit, über Ihre Gedanken nachzudenken, also sich Ihrer selbst bewusst zu sein. Diese Fähigkeit unterscheidet uns von den Tieren. »Selbst-Bewusstheit« erlaubt uns, unsere Gewohnheiten selbst zu schaffen und zu verändern. Wir sind mehr als unsere Gefühle, mehr als unsere Stimmungen, mehr als unsere Gedanken.

Frankl bewahrte auch im Konzentrationslager seine Identität

Der Psychiater Viktor Frankl wurde als Jude von den Nazis ins Konzentrationslager gesperrt und erlebte Dinge, die jenseits jeglicher Menschenwürde liegen. Fast seine ganze Familie kam um, er selbst wurde gefoltert und erlitt unzählige Entwürdigungen. Nackt und allein in einem kleinen Raum wurde er sich eines Tages dessen bewusst, was er die »letzte Freiheit des Menschen« nannte. Die Nazis konnten seine gesamte Umgebung kontrollieren, sie konnten mit seinem Körper machen, was sie wollten, aber er blieb ein selbstbewusstes Wesen, das beobachten konnte, was mit ihm geschah. Seine grundlegende Identität war intakt. Er konnte in sich selbst entscheiden, wie all das sich auf ihn auswirken würde. Frankl wurde zu einer Inspiration für die Menschen in seiner Umgebung, selbst für einige der Wächter. Er half anderen, Sinn in ihrem Leiden und Würde in ihrem Gefangensein zu finden.

Zusätzlich zur Selbst-Bewusstheit haben wir die Imagination – die Fähigkeit, im Geiste etwas jenseits unserer gegenwärtigen Wirklichkeit zu erschaffen. Wir haben Gewissen als eine tiefe innere Bewusstheit von Recht und Unrecht und wir haben den unabhängigen Willen als die Fähigkeit, auf der Grundlage unserer Selbst-Bewusstheit zu handeln.

Proaktivität

Das Wort »Proaktivität« bedeutet mehr als einfach nur die Initiative zu ergreifen. Es heißt, dass wir als Menschen selbst für unser Leben verantwortlich sind. Reaktive Menschen werden von Gefühlen, den Umständen, den Bedingungen oder ihrer Umwelt getrieben. Proaktive Menschen erhalten den Antrieb aus ihren Werten und Visionen.

Schon am Anfang das Ende im Sinn haben

Neben dem »Proaktiv sein« sieht Covey als zweiten Weg das Prinzip »Schon am Anfang das Ende im Sinn haben«. Dabei empfiehlt er folgende Übung: Stellen Sie sich vor, wie Sie sich zur Beerdigung eines geliebten Menschen begeben. Sie stellen fest, dass es sich um Ihre eigene Beerdigung handelt, die in drei Jahren stattfinden wird. Es gibt vier Redner: Jemand aus Ihrer Familie, einer Ihrer Freunde, ein dritter aus Ihrer Berufswelt und ein vierter aus einer Organisation (z. B. einem Verein), bei der Sie sich engagiert haben. Nun denken Sie gründlich nach. Was würden Sie von jedem Redner gern über sich und Ihr Leben hören? Welchen Charakter sollen die Reden beschreiben? Wenn Sie schon am Anfang das Ende im Sinn haben, gewinnen Sie eine andere Perspektive. Vielleicht hilft Ihnen diese Übung darauf zu kommen, was Ihnen wirklich wichtig ist.

Das Wichtigste zuerst

Der dritte Weg zum privaten Sieg ist das Prinzip »Das Wichtigste zuerst«. Dabei unterscheidet Covey dringende und wichtige Dinge. Dringende Dinge wirken auf uns ein und lassen uns reaktiv sein, z. B. ein klingelndes Telefon. Sie bedrängen uns, sind vielleicht auch angenehm, oft sind sie uns aber unwichtig. Wichtigkeit hat dagegen etwas mit Ergebnissen zu tun. Wichtige Dinge, die nicht dringend sind, erfordern Pro-Aktivität. Wenn wir nicht schon am Anfang das Ende im Sinn haben, wissen wir womöglich nicht, was uns wirklich wichtig ist. Dann lassen wir uns leicht ablenken und reagieren nur auf das Dringende. Um zu wichtigen Dingen »ja« sagen zu können, müssen Sie lernen, zu unwichtigen, oft dringlich erscheinenden Angelegenheiten »nein« zu sagen.

Ausgewogene Selbsterneuerung

Erst nach dem privaten Sieg kommt für Covey der öffentliche Sieg. Der siebte Weg umfasst alle anderen. Hier geht es um die Prinzipien der ausgewogenen Selbsterneuerung. Dabei unterscheidet Covey vier Dimensionen der Erneuerung:

1. Zur physischen Dimension gehört, dass wir effektiv für unseren Körper sorgen: Durch ausgewogene Ernährung, ausreichend Ruhe und Entspannung und regelmäßige Bewegung.

2. Die spirituelle Dimension verleiht dem Leben Führung und hat viel mit dem Prinzip »Schon am Anfang das Ende im Sinn haben« zu tun. Das kann man auf vielerlei Weise erreichen, z. B. durch Gebet, Meditation, Eintauchen in große Literatur oder Musik und Offenheit gegenüber der Natur.
3. Die mentale Dimension dient der fortlaufenden Erweiterung des Geistes, z. B. durch Lesen, Planen und Schreiben.
4. Die soziale / emotionale Dimension ist auf mitfühlende Kommunikation ausgerichtet. Unser emotionales Leben entwickelt sich zum großen Teil aus unseren Beziehungen.

Den siebten Weg nennt Covey »Die Säge schärfen«. Dazu erzählt er folgende Geschichte: Sie laufen durch den Wald und treffen auf einen Mann, der fieberhaft daran arbeitet, einen Baum umzusägen. »Was machen Sie da?« fragen Sie. »Das sehen Sie doch«, antwortet er ungeduldig. »Ich säge diesen Baum ab.« »Sie sehen erschöpft aus! Wie lange sind Sie denn schon zugange?« »Über fünf Stunden«, sagt er, »und ich bin k. o.! Dies ist harte Arbeit.« »Warum machen Sie dann nicht ein paar Minuten Pause und schärfen die Säge? Ich bin sicher, dass es dann viel schneller ginge.« »Ich habe keine Zeit, die Säge zu schärfen«, ruft der Mann emphatisch. »Ich bin zu sehr mit dem Sägen beschäftigt.« Der 7. Weg heißt, sich Zeit zu nehmen, die Säge zu schärfen.

Imagination als heilsame Kraft

Im Folgenden wollen wir Sie mit einer Geschichte anregen, kleine Geschichten zu erfinden. Geschichten erfinden erlaubt uns, uns viele verschiedene Möglichkeiten auszudenken, wie es sein könnte. Dadurch kommen sie ebenfalls aus der Opferrolle heraus.

Die hier erzählte Geschichte kann sowohl Kinder ansprechen, wie das »innere Kind«. Es dient auch dem Ziel, etwas Belastendes in ein größeres Ganzes einzuordnen – das können Sie natürlich auch ganz anders ausdrücken.

Die Geschichte von dem Jungen, der immer wütend wurde

Es war einmal eine Seele. Seelen leben im Seelenland. Da ist es wunderschön. So schön, dass wir es uns fast nicht vorstellen können. Es gibt keinen Kummer, keine Sorgen, keinen Schmerz. Seelen ärgern sich nie und das Wichtigste, sie haben nie Angst.

Manche Seelen finden das aber auf die Dauer ein bisschen langweilig, und dann nehmen sie sich vor, dass sie jetzt auf die Erde gehen und ein Mensch werden. Dann können sie alles erleben, was man eben nur als Mensch erleben kann. Schöne Gefühle, aber auch schmerzliche.

Und stell dir vor, das findet eine Seele spannend.

Diese Seele liebte besonders ein abenteuerliches Leben. Sie wollte als Junge auf die Welt kommen, und sie dachte sich, dass sie etwas ganz Besonderes erleben wollte.

Im Seelenrat wurde beschlossen, dass sie einmal ausprobieren sollte, wie es ist, wenn man als ganz kleines Baby krank ist und operiert werden muss.

Die Seele war sehr neugierig auf diese Erfahrung und hatte überhaupt keine Angst davor, weil man im Seelenland eben keine Angst hat.

Sie suchte erst einmal lange nach passenden Eltern für das kommende Leben. Schließlich fand sie zwei wunderbare Menschen, die ihr als zukünftige Eltern gefielen.

Die Seele ging zu einem Menschenkind

Eines Tages, als die Frau und der Mann sich lieb hatten und daraus ein Kind entstand, machte sich die Seele auf den Weg und ging ganz nahe zu diesem noch ganz winzigen Menschenkindchen. Nach einer Weile wurde die Seele dann eins mit diesem Kind. Und nach neun Monaten wurde der kleine Junge geboren.

Seine Eltern, seine Großeltern, seine Tanten und Onkel und viele andere freuten sich sehr über den kleinen Jungen, der da auf die Welt gekommen war.

Bald stellten die Ärzte fest, dass der kleine Junge nicht ganz gesund war, und dass er operiert werden musste.

Die Eltern des kleinen Jungen erschraken sehr und hatten Angst um ihren kleinen Jungen. Sie hätten alles getan, wenn es ihnen möglich gewesen wäre, diese Operation zu verhindern. Das konnten sie aber nicht. Und, wie wir wissen, wäre das auch gar nicht gut gewesen, weil ja die Seele des kleinen Babys diese Erfahrung wollte.

Die Seele, die ja nun in dem kleinen Baby war, beobachtete alles mit großer Neugier. Sie hatte keine Angst und sie war schon sehr gespannt auf die Operation.

Bald ging die Mutter mit dem winzigen Baby ins Krankenhaus und das Baby wurde operiert.

Da konnte die Seele jetzt allerhand beobachten und erleben, was sie zuvor noch nie erlebt hatte. Sie staunte, wie gut eine junge Ärztin eine Narkose machte. Stell dir vor, wie schwer es ist, in die winzigen Venen von einem Baby eine Spritze mit einem Beruhigungsmittel zu machen. Dann sah die Seele, wie eine ganze Gruppe von Ärzten das Baby operierte. Und wieder staunte sie, wie geschickt sie waren, diesen winzigen Körper zu operieren.

Aber als das Baby nach der Operation wieder wach wurde, hatte es sehr große Schmerzen im Körper. Der Bauch tat ihm nach der Operation fürchterlich weh und, wie es so ist mit kleinen Babys, es konnte ja gar nichts machen. Es konnte nur schreien.

Die Mutter und der Vater des kleinen Jungen taten, was sie konnten, aber die Schmerzen und die Angst konnten sie nicht ganz wegnehmen und beruhigen.

Manchmal versuchte die Seele selbst, den Kleinen zu beruhigen, aber auch das half nicht immer. Und, weil die Seele ja so gespannt war auf all die Erfahrungen als Mensch, machte es ihr ja auch nichts aus. Der kleine Junge aber wusste nicht, dass seine Seele es so wollte. Deshalb dachte er, dass die Eltern vielleicht nicht gut genug auf ihn aufpassten, und darüber war er traurig und wütend, und er hatte oft auch Angst.

Der Junge litt auch nach der Operation weiter
Endlich war der Krankenhausaufenthalt vorbei und so nach und nach erholte sich der kleine Junge von der Operation und von seinen Schmerzen.

Aber der kleine Junge konnte es von da an ganz schlecht vertragen, wenn er sich ungerecht behandelt fühlte und vor allem, wenn er dachte, er könnte gar nichts machen. Er vergaß zwar, dass das etwas mit dem Krankenhaus zu tun hat, weil Menschen meist vergessen, was sie als Babys erlebt hatten, aber tief drinnen in ihm blieb die Erinnerung doch. Deshalb wurde er sehr wütend und tobte, wenn er dachte, dass er nicht gerecht behandelt wurde, und er wusste sich dann gar nicht zu helfen. Er spürte auch eine Angst, aber darüber konnte er nicht sprechen.

Seine Seele sah das alles und machte ihre Erfahrungen, die sie ja hatte machen wollen. Aber nach und nach hatte sie das Gefühl, dass der Junge wirklich zu oft unglücklich war.

Deshalb beschloss sie, ihm einen Traum zu schicken, damit er Hilfe bekam.

Der Traum des Jungen
Da sah sich der kleine Junge auf einer wunderschönen Wiese mit vielen bunten Blumen und mittendrin war eine liebe alte Frau mit lachenden Augen und vielen Runzeln im Gesicht.

Die sagte zu dem Jungen: Ich weiß, du kannst es gar nicht leiden, wenn du ungerecht behandelt wirst. Aber nun bist du ja schon groß, und deshalb verrate ich dir ein Geheimnis.

Und dann erzählte sie ihm die Geschichte, die ich dir erzählt habe:

Es war einmal eine Seele. Seelen leben im Seelenland. Da ist es wunderschön. So schön, dass wir es uns fast nicht vorstellen können. Es gibt keinen Kummer, keine Sorgen, keinen Schmerz. Man ärgert sich nie und das Wichtigste, man hat nie Angst.

Manche Seelen finden das aber auf die Dauer ein bisschen langweilig, und dann nehmen sie sich vor, dass sie jetzt auf die Erde gehen und ein Mensch werden. Dann können sie alles erleben, was man eben nur als Mensch erleben kann. Schöne Gefühle, aber auch schmerzliche. Und stell dir vor, das findet eine Seele spannend.

Diese Seele liebte besonders ein abenteuerliches Leben.

Sie wollte als Junge auf die Welt kommen, und sie dachte sich, dass sie etwas ganz Besonderes erleben wollte.

Im Seelenrat wurde beschlossen, dass sie einmal ausprobieren sollte, wie es ist, wenn man als ganz kleines Baby krank ist und operiert werden muss.

Dann sagte die alte Frau, schau, das Baby, das du einmal gewesen bist und das so viele Schmerzen hat, das möchte von dir erlöst werden. Du musst in das Tränenland gehen und es retten.

Wo ist das Tränenland, fragte der Junge?

Da kam ein Fuchs und sagte zu dem Jungen, ich zeig es dir. Lass uns uns auf den Weg machen.

Und die beiden gingen los.

Bald war die Landschaft nicht mehr so schön. Sondern sie wurde felsig und es blühten keine Blumen mehr. Die Sonne brannte heiß auf die Erde. Dem Jungen wurde sehr heiß.

Sie gingen lange, und er wurde müde.

Da sagte der Fuchs, wir sind bald angekommen.

Und wie er das sagte, standen sie vor einer großen Höhle.

Der Junge fürchtete sich, weil die Höhle so dunkel aussah.

Aber schon stand ein Bär neben ihm, der sagte, ich werde dich begleiten. Und sie gingen in die Höhle hinein.

Schon von weitem hörten sie, dass da Kinder weinten. Und wie sie weitergingen, kamen sie in einen Raum mit vielen kleinen Babys, die alle in ihren Betten lagen und weinten und wimmerten.

Dem Jungen wurde es ganz bang ums Herz.

Sein Bär brachte ihn zum Bettchen von einem ganz zarten kleinen Baby und sagte, das ist dein Baby. Nimm es hoch, nimm es auf den Arm, streichle es, und sag ihm, dass jetzt alles vorbei ist.

Und es war für den Jungen eine große Freude, das Kindchen in seinen Armen zu halten und zu wiegen. Gleich summte er auch noch ein Lied für sein Baby. Und auf einmal begann es zu lächeln.

Nun kannst du es mitnehmen auf die Wiese von der du gekommen bist. Da wird es ihm gut gehen, sagte der Bär. Die alte Frau wird sich um es kümmern.

Und weil der Bär Zauberkräfte hatte, waren sie wieder auf der Wiese.

Da wartete auch schon die alte Frau und freute sich, dass das Baby nun endlich in Sicherheit war. Das hast du gut gemacht, sagte sie zu dem Jungen.

Der war stolz und freute sich, dass er sein Baby gerettet hatte und wollte sich gar nie mehr von ihm trennen.

Was soll ich machen, damit ich oft bei ihm sein kann, fragte er.

Wenn du wach bist, kannst du es besuchen, wenn du dir vorstellst, dass du wieder ins Traumland kommst, und dann kannst du bei ihm sein. Ich werde mich dazwischen um es kümmern, sagte die Frau. Und in deinen Träumen wirst du es ohnehin besuchen.

Der Junge findet Trost

Und da erwachte der Junge. Er konnte sich an seinen Traum ganz genau erinnern und dachte, das probier ich gleich aus. Er stellte sich die Wiese mit den vielen Blumen vor und siehe da, er war schon da. Und sein Baby lächelte, als er kam.

Das ist wunderschön, dachte er und freute sich. Ich werde es oft besuchen. Es wurde ihm so richtig warm ums Herz.

Er ging dann jeden Tag auf seine schöne Wiese und besuchte sein Baby, die alte Frau und seine Tiere.

Und noch etwas entdeckte er, er konnte den Fuchs, der sehr weise war, um Rat fragen.

So fragte er den Fuchs, was soll ich machen, wenn ich so wütend auf meine Eltern werde?

Nichts leichter als das, sagte der Fuchs.

Hier hast du einen Zauberring. Den drehst du und denkst, alles ist gut. Dann wirst du merken, dass alles gut ist und deine Wut wird wie weggeblasen sein.

Toll, dachte der Junge.

Und weißt du was? Er konnte richtig spüren, dass er den Ring hatte, obwohl den sonst keiner sehen konnte.

Seine Seele war darüber sehr froh. Und das war für sie nun die schönste Erfahrung, dass kleine Menschen es fertig brachten, sich selbst gern zu haben und zu trösten.

Und im Seelenland freuten sich alle, dass die Seele zusammen mit dem Jungen, der zu ihr gehörte, so eine schöne Lösung gefunden hatte.

Ein anderes Mal fragte der Junge seinen Fuchs, ihr habt mir schon so viel von meiner Seele erzählt, kann ich auch mit ihr sprechen, kann ich sie sehen?

Nein, sagte der Fuchs, sehen kannst du sie nicht. Aber mit ihr sprechen kannst du und sie hören. Wenn du in dein Zimmer gehst und ganz still wirst, kannst du sie erreichen. Sprich dann laut mit ihr. Du kannst ihr jede Frage stellen, die du willst. Sie ist deine beste Freundin. Sie liebt dich.

Sie ist immer bei dir.

Der Junge wunderte sich ein bisschen, aber er dachte sich, probieren kann ich es ja.

Und stell dir vor, er begann mit seiner Seele zu reden und merkte, dass sie wirklich seine allerbeste Freundin war. Sie belog ihn nie und gab ihm die allerbesten Ratschläge.

Auch später, als der Junge ein Mann geworden war, verstand er viel von seiner Seele und sprach oft mit ihr. Und wie er ganz alt geworden war, da war er froh, als sie zusammen wieder ins Seelenland zurückgehen konnten. Aber das ist eine neue Geschichte.

In dieser Geschichte geht es vor allem darum, dass das »innere Kind« beruhigt wird. Das wird dem jetzt schon älteren Kind zugetraut, dass es das kann. Und tatsächlich können Kinder mit Jüngeren oft sehr liebevoll und behutsam umgehen.

Durch ein Trauma wachsen – traumatic Growth

Kehren wir noch einmal zurück zu unserem konstruierten Beispiel von Ihrem Verkehrsunfall in den Bergen:

Nach Ihrem Unfall sind inzwischen etwa acht Wochen vergangen. Sie merken, dass Sie nicht mehr so viel daran denken müssen und dass Ihre Konzentration wieder besser wird.

Eines Morgens werden Sie wach, die Sonne scheint in Ihr Zimmer und auf einmal denken Sie: Ich lebe. Es wird Ihnen ganz heiß, irgendetwas erschüttert Sie zutiefst, Sie spüren, wie Ihnen zum Weinen und zum Lachen gleichzeitig zu Mute ist. Sie geben dem einfach nach.

Die Welt scheint anders auszusehen: Frischer, klarer, leuchtender. Zum ersten Mal sehen Sie, wie schön alles ist, wie wunderbar. Eine tiefe Ruhe erfasst Sie und sie sind voller Dankbarkeit, dass Sie am Leben sind. Dieses Gefühl wird Sie nicht mehr verlassen. Sie wissen, dass das Leben ein kostbares Geschenk ist. Dieses Wissen bringt eine neue Qualität in Ihr Leben.

Wenn Sie etwas ärgert oder belastet, hilft es Ihnen von nun an, sich dieses Geschenk des Lebens bewusst zu machen und das relativiert vieles.

Das Trauma als Wende im Leben

Für manche Menschen bringen traumatische Erfahrungen eine Wende, die sie als hilfreich und bereichernd erleben.

Zwei amerikanische Psychiater, Tedeschi und Callouhn, haben sich besonders dafür interessiert, dass manche Menschen sich durch eine traumatische Erfahrung erstaunlich weiter entwickeln und den Begriff »traumatic growth« geprägt. Sie berichten von Fällen, in denen ein Mensch sagen konnte, »genau das habe ich gebraucht, damit ich mich entwickeln konnte.«

Immer wieder hört man Ähnliches von Menschen, die ein Schicksalsschlag getroffen hat.

Ein junger Pop-Sänger berichtet im Fernsehen: »Ich war so schnell, ich habe diesen Unfall gebraucht, um zur Ruhe zu kommen. Früher musste ich immer beweisen, wie toll ich bin, jetzt bin ich einfach froh, da zu sein. Ich weiß jetzt, dass Gott mich will.«

Wir meinen, dass das nicht als »Reklame« für Leiden missverstanden werden darf.

Aber auch wir haben es nicht selten erlebt, dass Menschen nach zum Teil schweren Traumatisierungen sich in erstaunlicher Weise entwickelt haben.

> **Ellen ist dankbar für das Geschenk des Lebens**
>
> Ellen hat in ihrer Kindheit alles Schlimme erlebt, was man sich nur vorstellen kann: Misshandlung, Missbrauch, ständige Vernachlässigung. Dennoch hat sie es geschafft, sich aus der Umklammerung ihrer destruktiven Familie zu befreien. Sie studiert Jura und wird eine erfolgreiche Anwältin. Für eine Weile braucht sie Psychotherapie, damit sie sich auf eine Beziehung einlassen kann. Sie sagt:

> »Es war schrecklich, aber ich weiß, besser als viele andere, was es heißt, als Kind misshandelt zu werden. Deshalb kann ich meine Klientinnen und Klienten, die Ähnliches erlebt haben, auch viel besser verstehen. Ich weiß, was sie brauchen und kann mich dafür einsetzen. Und, ich genieße es jeden Tag, dass ich am Leben bin. Ich weiß, dass das Leben ein großes Geschenk ist und dafür bin ich dankbar.«

Menschen verfügen über erstaunliche Heilungskräfte

Wachstum durch traumatische Erfahrungen ist vielleicht ein Geschenk des Lebens. Nach unserer Erfahrung kann man das nicht »machen«. Es gibt aber einige Voraussetzungen, die man bereitstellen kann, damit der Erkenntnisprozess, der damit verbunden ist, möglich wird.

Interessant in diesem Zusammenhang sind die Ergebnisse der Forschung von Aaron Antonowsky u.a., die sich gefragt haben, wie es manche Menschen schaffen, trotz großer Belastung wieder gesund zu werden oder manchmal sogar gesund zu bleiben.

Ganz klar lässt sich aus all dieser Forschung der Schluss ziehen, dass Traumata keine lebenslange Strafe sind, unter denen man bis zum Ende seines Lebens zu leiden haben muss. Menschen verfügen über erstaunliche Kräfte der Heilung und der Regeneration.

Besonders wichtig scheint es zu sein, dass man schlimme Erfahrungen in ein größeres Ganzes einordnen kann, dass sich ein Gefühl des Zusammenhangs, der »Kohärenz«, wie Antonowsky das nennt, entwickeln kann. Die Forschung zeigt auch, dass Menschen, die sich mit anderen verbunden fühlen und solche, die eine spirituelle oder religiöse Orientierung haben, leichter mit einem Trauma fertig werden.

Haben Traumata Sinn?

Diese Frage stellt fast jeder Mensch, der ein Trauma erlitten hat. Am meisten stellt sich diese Frage, wenn man durch andere Menschen traumatisiert wurde. Es ist auch die Frage, die Hiob gestellt hat. Warum erfährt er so viel Leidvolles, obwohl er ein gutes Leben geführt und sich an Gottes Gebote gehalten hat, fragt er Gott.

Wir können Ihnen keine allgemein verbindlichen Antworten geben, weil Sinnfragen nur ganz persönliche Antworten erfordern. Aber wir möchten Ihnen Mut machen, diesen Fragen nicht auszuweichen. Sinnfragen sind spirituelle Fragen. Daher möchten wir Sie anregen, darüber nachzudenken, ob Sie im spirituellen Bereich mit Ihrer sonstigen Entwicklung Schritt gehalten haben. Wir haben gefunden, dass viele unserer PatientInnen in allen Bereichen gewachsen waren, nur nicht im spirituellen. Da hatten sie ganz einfach ihren Kinderglauben aufgegeben und sich dann nie mehr darum gekümmert. Im Rahmen einer spirituellen Orientierung werden Sie am ehesten Antworten finden.

Die Sinnfrage ist etwas anderes als die Schuldfrage!

Das möchten wir sehr betonen.

Angelika:

Als wir Angelikas Geschichte hörten, hat uns, die wir schon viel Schlimmes gehört haben, beinahe auch der Mut verlassen. Ihre Kindheit war ein Horror, einige Jahre hatte sie ein ruhiges Leben, aber als sie geheiratet hat, ging der Horror weiter. Sie litt an heftigen Depressionen und ihr Mann ließ sich scheiden. Er setzte es durch, dass er das Sorgerecht für die Kinder bekam und von da an verhinderte er jeden Kontakt zur Mutter. So war sie im wahrsten Sinn des Wortes »mutterseelenallein«. Als wir Angelika kennenlernten, war sie zutiefst verzweifelt und wollte sich das Leben nehmen. Wozu soll ich noch gut sein, warum bin ich auf der Welt, waren ihre Fragen, die sie sich wieder und wieder stellte. Auch wir fühlten eine große Verzweiflung, aber auch Wut und Zorn über so viel Ungerechtigkeit. (Das war ähnlich wie bei Hiob.) Angelika selbst war weder zornig noch wütend. Diese Gefühle entdeckte sie erst nach längerer Therapie. Dann, eines Tages, kam sie und erklärte: Ich weiß nicht, warum mir das alles passiert, aber ich weiß jetzt, dass ich wichtig bin, einfach weil ich da bin. Ich werde dafür sorgen, dass ich gesund bin, wenn meine Kinder entscheiden können, ob sie selbst mit mir Kontakt haben wollen. Und ich werde mich für andere einsetzen, denen es schlecht geht. Vielleicht musste das alles so kommen, damit ich mitfühlend bin mit anderen.

Anhang

Empfehlungen zum Weiterlesen:

Karl-Heinz Brisch: Bindungsstörungen. Von der Bindungstheorie zur Therapie. Klett-Cotta Verlag

Stephen R. Covey: Die sieben Wege zur Effektivität. Ein Konzept zur Meisterung Ihres beruflichen und privaten Lebens. Campus Verlag

Gottfried Fischer: Neue Wege aus dem Trauma. Erste Hilfe bei schweren seelischen Belastungen. Patmos Verlag. – Ein hilfreicher Leitfaden, insbesondere nach akutem Trauma

Michaela Huber: Trauma und die Folgen. Traumabehandlung Teil I. Junfermann. Eine sehr gründliche Einführung, vor allem für Menschen nach schwerster gewaltsamer Ausbeutung durch andere.

Stefan Klein: Die Glücksformel oder wie gute Gefühle entstehen. Rowohlt Taschenbuch. Hier finden Sie eine fundierte Anleitung, was man fürs Glücklichsein tun kann.

Peter Levine: Traumaheilung. Das Erwachen des Tigers. Synthesis Verlag. Peter Levine macht deutlich, dass unser Körper über wunderbare Selbstheilungskräfte verfügt.

Luise Reddemann: Imagination als heilsame Kraft. Pfeiffer bei Klett-Cotta. Zum Vertiefen der Arbeit mit Imaginationen, dazu gibt es auch eine Hör-CD, auf der Sie einige Imaginationsübungen aus dem Buch finden.

Luise Reddemann: Dem inneren Kind begegnen. Pfeiffer bei Klett-Cotta. Kann Ihnen bei der Begegnung mit Ihrem inneren Kind eine Unterstützung sein.

Luise Reddemann: Eine Reise von 1000 Meilen beginnt mit dem ersten Schritt. Herder Verlag. Weitere hilfreiche Übungen zur Förderung der Selbstheilungskräfte

Babette Rothschild: Der Körper erinnert sich. Synthesis Verlag. Sehr gute Erklärung der körperlichen Zusammenhänge und gute Fallbeispiele.

Martin E. P. Seligmann: Der Glücks-Faktor. Warum Optimisten länger leben. Lübbe Verlagsgruppe

Es gibt sehr viel gute Literatur, in der Traumata und deren Folgen literarisch verarbeitet sind. Sie sollten allerdings damit vorsichtig sein, weil Sie das auch sehr belasten könnte.

In jüngster Zeit erschienen:
Phillip Roth: Der menschliche Makel. Roth beschreibt u. a. einen Vietnamveteranen. U. E. eine der besten Beschreibungen einer komplexen PTSD durch Krieg.

Eric-Emmanuel Schmitt: Oskar und die Dame in Rosa. Ammann Verlag. Ein tröstliches kleines Buch zum Thema Sterben und Sinn.

P.F.Thomese: Schattenkind. Berlin Verlag. Die Beschreibung eines Mannes, der sein Kind verloren hat. Sehr einfühlsam. Eine hervorragende Auseinandersetzung mit dem Phänomen der Entfremdungsgefühle nach Trauma und mit der Schwierigkeit, traumatische Erfahrungen in Sprache auszudrücken.

Wo Sie Hilfe finden:
Nach Katastrophen wenden Sie sich an örtliche Beratungsstellen oder an Ihren Hausarzt.

Es gibt auch an immer mehr Kliniken eigene Traumaambulanzen oder spezielle Traumazentren in einigen großen Städten. Fragen Sie bei den Gesundheitsämtern der Städte oder Kreise nach.

Wenn Sie Gewaltopfer sind:
Sie haben Anspruch nach dem Opferhilfegesetz auf professionelle Hilfe. Wenden Sie sich an die regionalen Versorgungsämter, dort kann man Ihnen Stellen nennen, wo Traumaopfer versorgt werden. Ebenfalls behilflich:

Weißer Ring e.V. Sie finden regionale Ansprechpartner im Telefonbuch oder im Internet unter www.weisser-ring.de

Örtliche Frauenberatungsstellen, Frauennotrufe, Mädchenhäuser

Arbeitskreis der Opferhilfen in der Bundesrepublik Deutschland e.V. (ado), Bundesgeschäftsstelle, Perleberger Str. 27, 10559 Berlin, Telefon 0 30-39 40 77 80, www.opferhilfen.de

Bundesweite Hilfe für Missbrauchsopfer bei »Schotterblume« 0700–73 35 36 44 www.schotterblume.de. auch e-mail Beratung unter: seelenhilfe@schotterblume.de

Hier gibt es auch ein Männertelefon, Di 18–21 Uhr und Do 15–18 Uhr

Hilfsangebote für durch Gewalt traumatisierte Männer: www.gewalt-gegen-maenner.de

www.traumhaus-bielefeld.de, Website des Fördervereins unserer Bielefelder Klinik. Hier finden Sie weitere hilfreiche und wissenswerte Hinweise und Informationen: u. a. Texte über Traumatherapie, Klinikadressen, Literaturhinweise und weiterführende Links.

STOP, eine Beratungs-und Koordinationsstelle für traumatisierte Menschen mit DIS. Tel.0281-1548951

Fachgesellschaften:
Deutschsprachige Gesellschaft für Psychotraumatologie.
www.degpt.de

Deutsche Sektion der Internationalen Gesellschaft zum Studium dissoziativer Störungen, ISSD
www.dissoc.de

EMDRIA, die deutschsprachige Fachgesellschaft der EMDR-Therapeuten. www.emdria.de

Deutsches Institut für Psychotraumatologie:
www.psychotraumatologie.de

Bei den Fachgesellschaften können Sie auch nach qualifizierten Therapeuten fragen.

Eine regionale Liste von TherapeutInnen, die sich in PITT fortgebildet haben erhalten Sie über

Frau Gunde Hartmann, Schulberg 5, 89435 Finningen. Bitte fügen Sie einen an Sie selbst adressierten Briefumschlag bei.

Stichwortverzeichnis

A
Achtsamkeit 140
Alkohol 107
Amnesie
– dissoziative 100
– hippocampale 33
Angst 33, 92 f
– Hilfreiches 94
– als Selbstschutz 97
Antidepressiva 72
Astrid Lindgren 130 ff

B
BASK-Modell 85
Behandlung, medikamentöse 71
Belastungsstörung
– chronisch-komplexe posttraumatische 65
– komplexe posttraumatische, Kriterien 58
– posttraumatische 39, 46 f
– – Einordnung 49
– – Faktoren 39
– – Folgestörungen 52 f
– – Komorbidität 60
– – Kriterien 57 f
– – Risikofaktoren 59
– – Symptome 50 f
– – Traumakonfrontation 83
– – wissenschaftliche Definition 47
Belohnung 139
Beratungsstellen 159
Beruhigungsmittel 73 f
Beziehungssicherheit 84
Bindung 20
– an die Eltern 20
– Schutz- und Risikofaktoren 23
– unsichere, Entwicklung 21 f
Bindungsstörung 24
Bindungsverhalten, schutzsuchendes 20
Borderline-Persönlichkeitsstörung 50, 60
– Hintergründe 64
Brüder Löwenherz 132
Burnout 115

D
Dankbarkeitstagebuch 139
Denken, bewusstes, Nutzen 141
Depersonalisation 66
Depression 53
Dissoziation 55, 64, 98 f
– Hilfe 103
– Selbstbeobachtung 102
Distanzierungstechniken 83, 93

E
Einstellung, positive, Erreichen 138
Erfahrung, traumatische 14
– – Definition 18
Erfreuliches 127
Erinnerung, verdrängte 96
Erleben, inneres 136
Essstörung 53
– Selbsthilfe 13

F
Fachgesellschaften 160
Fähigkeiten 135
Flashback 57, 100
Flow-Zustand 137 f
Freiheit 132
Frühgeborene 21
Fürchten-Lernen 32

G
Gedächtnis
– heißes 33
– kaltes 33
Gedächtnislücken 54
Gefühle 37
– Abspaltung 67
– Angehörige 115
– angstmachende 104
Gehirn, Vorstellungen 136
Genuss, Auskosten 139
Gerechtigkeit 143
Gewalt, medizinisch notwendige 17
Gewaltphantasien 117 f

H
Heilungskräfte 156
Helfer, Traumatisierung 50
Hilfe, therapeutische 115

I
Identitätsunsicherheit 65
Imagination 112, 129
– als heilsame Kraft 148 f
Informationsvermittlung 75
Intrusion 40

K
Karlsson vom Dach 132
Kind, Bindungsmuster 22 f
Kinder aus Bullerbü 131
Kindheit 16
Konstriktion 40
Kontext, sozialer 16
Körper, Bedürfnisse 105
Körpertherapie, stabilisierende 80

L
Lebensumstände, Veränderung 129
Lernen 32
Liebe und Humanität 143

M
Madita 133
Man-made-Traumata 15
Märchen 128
Mäßigung 143
Michel aus Lönneberga 131
Mio, mein Mio 132 f
Mobbing 19
Monotrauma 79
Mut 143

N
Neuroleptika 73
Neuroplastizität 31

Stichwortverzeichnis

O
Opferhilfegesetz 159
Opferrolle, Verlassen 144 f
Optimismus 142

P
Panik 94 f
– Hilfreiches 95
– als Schutz 98
Partner, traumatisierter 119 f
Partnerschaft, Trennung 120
Persönlichkeitsveränderung 58
Pessimismus 142
Phänomene, dissoziative 96
Pippi Langstrumpf 130
Positive Seiten 137
Proaktivität 146 f
Psychopharmaka 71 f
Psychose 117
Psychotherapie 71
PTSD s. Belastungsstörung, posttraumatische

R
Reizschutz 47
Ressourcen, Nutzen 124
Ressourcenliste, persönliche 124
Ressourcenorientierung 125
Rollenumkehr 25
Ronja Räubertochter 134 f

S
Säugling 21
Scham 42
Schicksal 128
Schmerzen, Umgang 105
Schmerzgedächtnis 72
Schuld 41 f
Seele 148 ff
Selbstberuhigung 95
Selbstbestimmung 126
Selbst-Bewusstheit 146
Selbsterneuerung, ausgewogene 147
Selbstheilungskräfte, eigene 93

Selbstkontrolle 126
Selbstmanagement 95
Selbsttötungsgedanke 11
Selbsttötungstendenz, Kind 48
Selbsttötungsversuche 11
Selbstverletzung 11, 65
– Behandlungsvertrag 112
Selbstzustand
– teilabgespaltener 62
– vollabgespaltener 63
Sicherheit, innere 88
Sinnfragen 157
Spaziergang, achtsamer 140
Spiritualität und Transzendenz 143
Stabilisierung
– kognitive 142
– traumaspezifische 76
Stärken 135, 137
– eigene 129
Störung
– dissoziative 54 f
– – Fragen 117
– – Kriterien 61 f
– einfache dissoziative 62
Störungsbilder, Unterscheidung 63 f
Stress
– akuter 30
– chronischer 30
– traumatischer 31
– – Anzeichen 35 f
Stressreaktion, akute 34
Sucht 105
– als Selbstheilungsversuch 107
Suchtgefahr, Psychopharmaka 71
Suchtproblem, Hilfe 110

T
Täterkontakt 84
Therapeut, Haltung 82
Therapieformen 77 f
Therapieverfahren, Vor- und Nachteile 79
Todesangst 14
Trancezustände 66
Trauerarbeit 115

Trauma
– gesunde Verarbeitung 39
– mögliche, Auflistung 18
– und Partnerschaft 119 f
– Umgang 19
– Vorkommen 26 f
– als Wende im Leben 155
Trauma-Adaptierung 77
Traumafolgestörung 36
– akute, Bewältigungsmechanismen 43
– Behandlung 70 f
– Diagnose 57 f
Traumakonfrontation 76, 83
– Kontraindikation 86 f
Traumapyschotherapie, Phasen 74
Traumatherapeutin, gute 116
Traumatherapie, 3-Phasen-Modell 109 f
traumatic Growth 154 f
Traumatisierung
– eigene, Weitergabe 114 f
– komplexe 52
Tresorübung 118
Trost 153
– innerer 86
Tugenden 143

U
Übererregung, vegetative 51
Übererregungssymptome 36
Umgebung, sichere 74
Unfall-Risiko-Typ 24 f

V
Vergnügungen 139
Vermeidungssymptome 36
Vernachlässigung, frühkindliche 108
Vorstellungskraft 112, 135

W
Wahrheit, innere 127
Weisheit und Wissen 143
Wertesystem 15 f
Wichtiges, zuerst 147
Wutraum 118

UNSER LESER-SERVICE FÜR SIE

Liebe Leserin, lieber Leser,

wir freuen uns, dass wir Ihnen mit diesem Buch weiterhelfen konnten. Fragen zum Inhalt dieses Buches leiten wir gern an die Autorin oder den Autor weiter.

Auch Anregungen und Fragen zu unserem Programm wie auch Ihre Kritik sind uns herzlich willkommen!

Denn: **Ihre Meinung zählt.**
Deshalb zögern Sie nicht – schreiben Sie uns!

Ihre

Sibylle Duelli

- Adresse: Lektorat TRIAS Verlag
  Postfach 30 05 04
  70445 Stuttgart
- E-Mail
  Leserservice: heike.bacher@medizinverlage.de
- Fax: 0711-8931-748